1冊の「ふせんノート」で人生は、はかどる

手帳を捨てて資産数億円
坂下 仁

フォレスト出版

あなたのノートや手帳は100%力を発揮できているか？

あなたは、ノートや手帳を100%活用できていますか？
意外かもしれませんが、ノートや手帳を100%活用できれば、霧が晴れるように悩みの多くが消え失せて思いどおりの人生を送れるようになります。

それは、**ビジネスマン**に限りません。

新入社員であっても、
管理職であっても、
起業家であっても、
主婦であっても、
学生であっても、です。

でも残念なことに、ほとんどの人がノートや手帳を上手に活用できている、とは言えません。後述しますが、スマホやタブレットでは役不足です。

そのことに気付いている人は手帳術やノート術、メモ術についての本や雑誌を読んで勉強し、色々な手帳やノートを試していますが、長続きせずに中途半端なままで終わっています。

はたして、あなたの場合はどうでしょうか？

チェックリストを用意しましたので、まずは確認してみてください。

チェックリスト

- ▢ せっかく思いついたことをメモする前に忘れてしまう
- ▢ お目当てのメモをすぐに見つけられない
- ▢ スケジュール管理やタスク管理が苦手
- ▢ ノートや手帳の書き方や密度にムラがある
- ▢ 仕事の悩みが思うように解決できていない

□お金の悩みもなかなか解決できていない
□人間関係は必ずしも円滑とはいえない
□将来への不安がなかなか解消できない
□アイデアが思うように生まれてこない
□気付いたことを仕事やプライベートで活かせていない

6個以上にチェックがついていたら、今のあなたはノートや手帳を使いこなせていません。このままでは悔いの残る不自由な人生を送りかねません。目の前の悩みを解決して思いどおりの人生を送りたいのであれば、今すぐノートや手帳を見直すべきです。「ふせんノート」があれば、霧が晴れたように人生がはかどります。

チェックが5個以下の人は、ノートや手帳を使いこなしているか、メモしなくても大丈夫な天才です。ひとまずは安心ですが、本書を読んでいただき、「ふせんノート術」を取り入れることで成果が倍増します。

ここから、世の手帳術やノート術とふせんノート術の違いについてお話ししていきます。さっそくふせんノートを使いこなしたい！という方は、第2章にいきなり飛んでもオーケーです。

では、さっそく始めていきましょう。

坂下仁

序章

破産の危機を救ったのはたった「１枚の紙」だった

第1章 なぜノートや手帳を使いこなせないのか？

第2章 「ふせん」×「ノート」があなたの可能性を広げる！

第3章
即メモできて、ひらめきを逃さない

第4章

ふせんノートで情報を一括管理・一発検索

第5章

「ゆる～く」使うことで脳力が花開く

序 章

破産の危機を救ったのはたった「1枚の紙」だった

あなたは紙一重の差で大損している

あなたが抱えている最大の悩みは何ですか？

仕事や人間関係、お金や将来のことなど、悩みが多すぎてどうすれば良いのか分からなくなります。

でも、1枚の紙切れの「意外な使い方」で簡単に解決できて、思い描いたとおりの人生が送れるとしたら、試してみたいと思いませんか？

実は、こうした不安や悩みが多い人には「ある共通点」があります。それは今まで「紙一重の差で損をする」人生を歩んできた、ということ。バカと天才は紙一重といいますが、世の中のすべてが紙1枚の差で決まっていたのです。

例えば、貧乏とお金持ちの違いは元をたどると紙一重ですし、幸福と不幸もきっかけは紙一重、生きるか死ぬかも紙一重の差、つまり天国と地獄とは紙一重の違いでしかありません。

あなたや家族が幸せな人生を送れるか否かは、すべてたった1枚の紙の差程度のことで決まっていたのです。

あなたが今まで経験した苦労や、悔しかったことを思い起こしてみてください。「そんなバカな！」というようなチョットの差で、あなたは苦汁を舐めていませんでしたか？

努力とか能力が足りないのならまだしも、少し運が悪かっただけで負けたり損をしていたのでは、悔やんでも悔やみきれません。

私自身がそうでしたので、あなたの気持ちが手に取るように分かります。なぜなら、紙一重の差でチャンスを逃し、肝心な時にドツボにハマっていたから。

私はドラマ『半沢直樹』で描かれた銀行員の世界で25年以上もがいてきました。ドラマで描かれたことは、見事に本質を突いています。

常識で考えたらありえない「あんなこと」「こんなこと」「そんなバカな！」を現実に経験してきました。どれもこれもマスコミが飛びつきそうなネタばかり。

プライベートでは、お金のプロだと自惚《うぬぼ》れて株式投資を始めましたが、意気込みとは裏腹に破産寸前にまで追い込まれるありさま。

銀行の内部事情に比べたらマシでしたが、やること為《な》すことすべてが裏目に出てしまい、財布も心もボロボロになってしまいました。


このように私の半生は、仕事や人間関係に不自由し、時間やお金にも不自由する「不自由な人生の見本市」でした。「お金がない」「時間がない」「自信がない」の3つを「世界三大言い訳」と呼びますが、私自身がこれを地で行っていた。

ところが、「1枚の紙」で「紙一重の差」をカバーすることで「時間の自由」「お金の自由」「自信の自由」を手に入れて、不自由な人生を自由な人生に貼り替えることができたのです。

紙一重の負け組から、紙1枚で勝ち組へ

私は生まれつきズボラな性格なので、手帳を使うのが苦手です。社会人になってからはノートさえ使わなくなりました。字も下手くそで、「アラビア文字の方が読みやすい」とまで言われる始末。おまけに整理整頓ができないので、書いたメモはいつも失くなります。

そんな私でさえ、「1枚の紙切れの非常識な使い方」のおかげで、まっとうな人生を歩めるようになった。

会社では、「1枚の紙」のおかげで仕事がまわるようになり人並みに昇進。プライベートでは、妻を社長にしたプライベートカンパニーで副業を始めたら、破産寸前から抜けだせた。『いますぐ妻を社長にしなさい』（サンマーク出版）で著者デビューできたのも、300名以上の方がセミナーのキャンセル待ちに登録してくださっているのも、

「1枚の紙」のおかげです。

「1枚の紙」で、「お金の本質を広める夢」がかない、本の執筆やセミナー講師というライフワークが見つかって、ドラマ張りの銀行にしがみつかなくても良くなりました。

「1枚の紙」を活かせたことで自らの弱点をカムフラージュし、多くの悩みや不安から解放されて、家族仲良くお金に不自由しない生活を手に入れました。こうして私は、紙一重で損していた人生を、「1枚の紙」で穴埋めすることができたのです。

悩みが消えて夢がかなう不思議な紙

このように、たった1枚の紙で、何のリスクもお金も手間もかけずに人生が変わるのであれば、やらない手はありません。本書ではそんな、人生がはかどる「1枚の紙」の意外な活用法をお伝えします。

ところで、そもそもそんなに威力のある「1枚の紙」とは何なのか？
まず最初にその種明かしをしましょう。

「1枚の紙」とは「粘着面の広い大きなふせん」です。

紙一重の差で負けていた人生を逆転できる威力を秘めた「1枚の紙」、それは「ふせん」だったのです。

ただし、ふせん本来の使い方ではまったく効果がありません。でも、発想を転換した非常識な使い方をするだけで、人生の景色が一変する。

仕事でもプライベートでも、大切な時に限って紙一重の差で負けていた私の人生ですが、「1枚のふせん」の「非常識な使い方」のおかげで逆転できた、というわけです。

ふせんを使った非常識なこのメソッドを、「ふせんノート術」と呼びます。

「ふせん」を魔法の紙に変える非常識な使い方

ここで、ふせんを非常識に使う「ふせんノート術」について、簡単に説明しましょう。

「ふせん」と聞いて思い浮かべるのは「色のついた小さな紙片」です。そして、ほとんどの人が「大切な箇所を見つけやすくするための目印」として「ふせん」を使っています。

あくまでも目印ですから、色さえついていれば「ふせん」自体は小さなものでも十分です。だから、ふせんの主流は今も昔も「小さなふせん」。

しかし「ふせんノート術」では、**ふせんを目印としては使いません。**

また、「ふせんノート術」では、**ノートについても意外な使い方をします。**

具体的には、ふせんを「目印」として使うのではなく、「ふせん」自体を「ノート」や手帳」として使う。従って、ノートや手帳にメモを書く必要がない。あらゆるメモをすべて「ふせん」に書いて、その「**メモ済みふせんをA4判ノートに貼り付ける**」だけ。

つまり、「ふせんノート術」にとって**ノートとは、ふせんを貼るための「台紙」**にすぎないのです。

詳しくは第1章以降でお話ししますが、「あらゆるメモを大きなふせんに書いて、それを台紙代わりのA4ノートに貼り付ける」という常識離れした方法だからこそ、今までのノート術や手帳術の欠点を克服できる。

その結果、あなたが抱えていた悩みをスムーズに克服できるようになる、という「仕組み」です。

誤解を恐れずに言えば、ふせんノート術さえあれば、手帳などと呼ばれる昔ながらのメモ帳に頼らなくても大丈夫。

［ふせんノート術］ふせんをメモ本体として活用

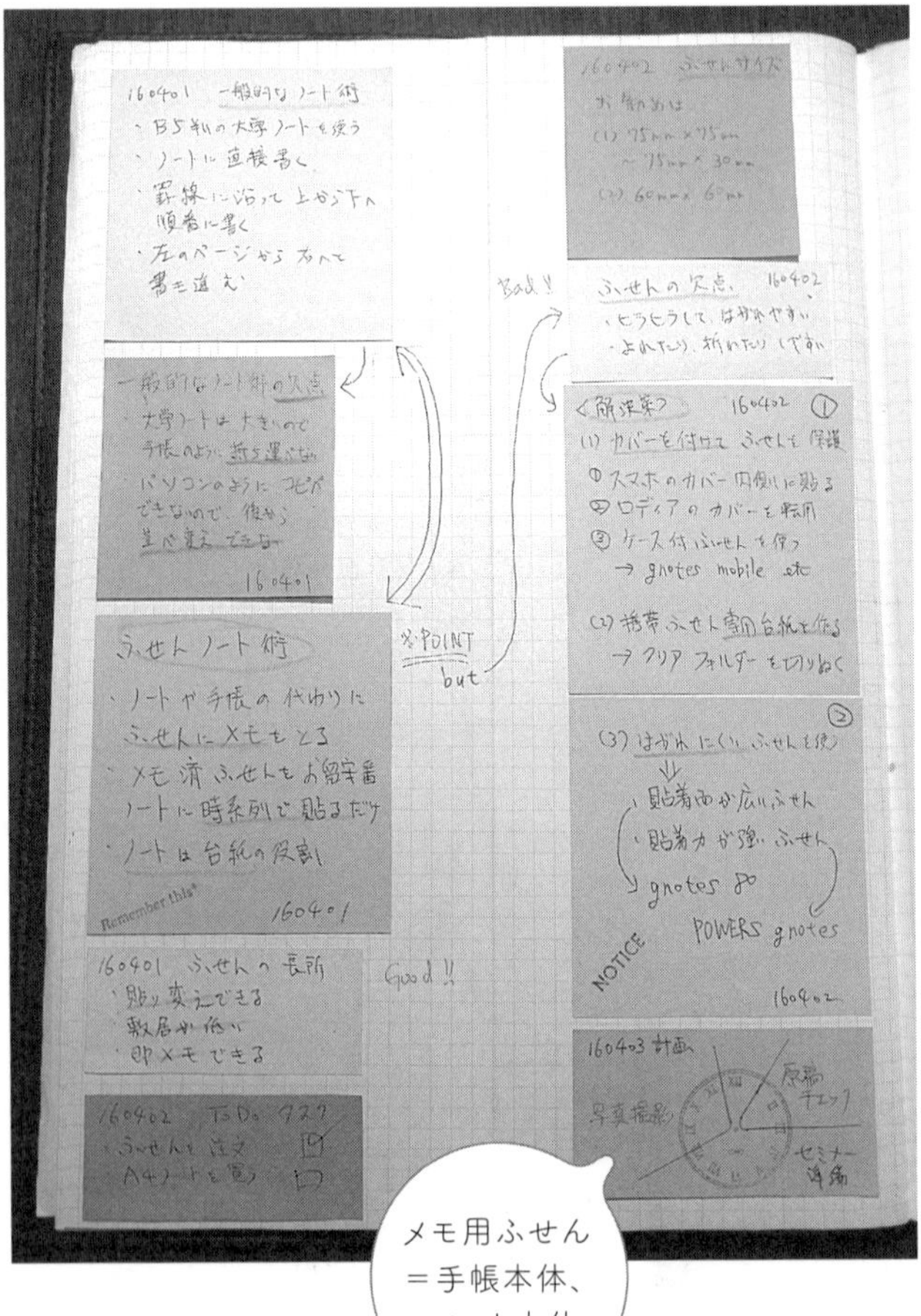

メモ用ふせん
＝手帳本体、
ノート本体

ふせんの非常識な使い方

［従来のノートとふせんの使い方］主に目印用や補足用として活用

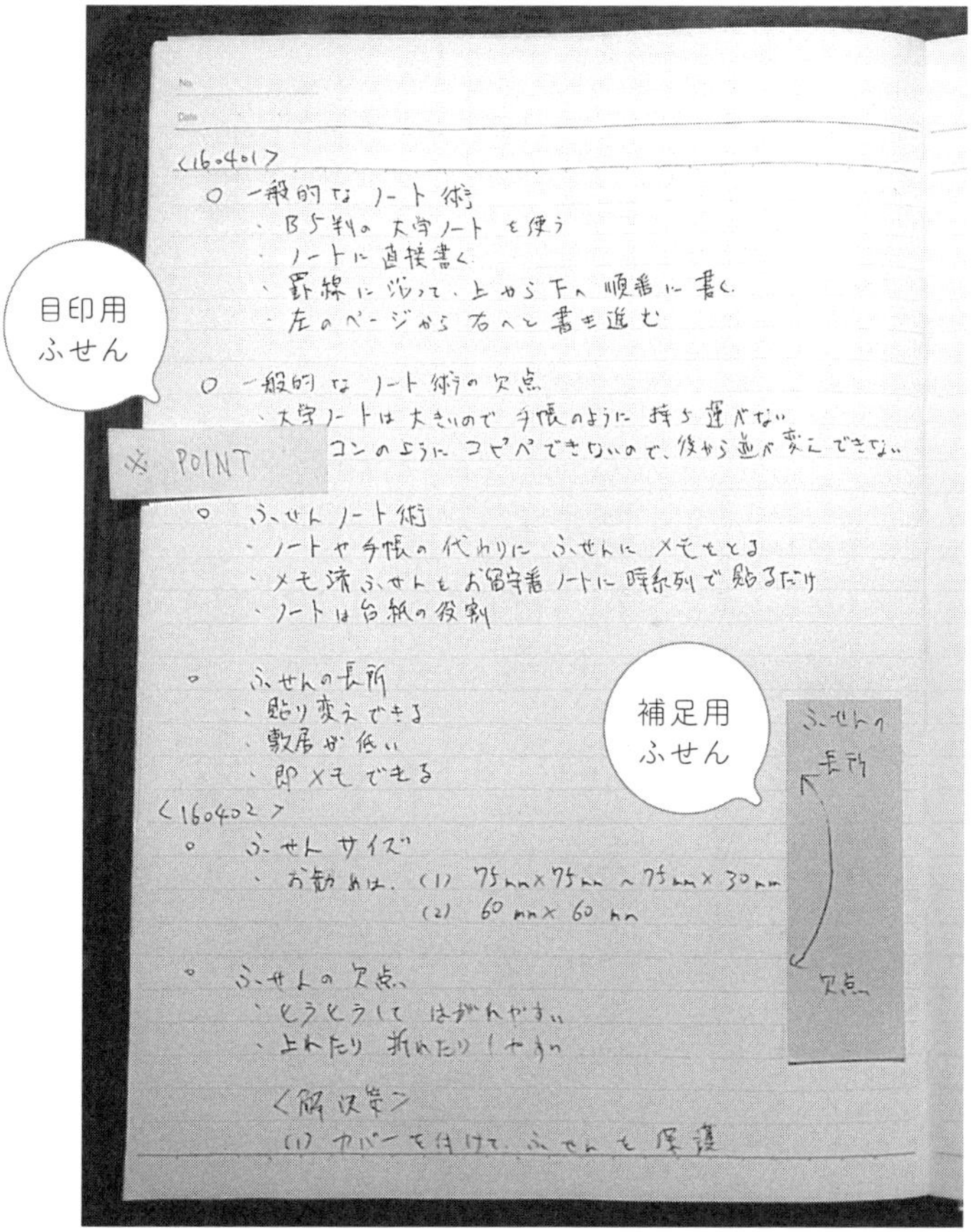

ふせんノート術を活かせば、今までの手帳術やノート術、その他メモ術と呼ばれるテクニックの威力も倍増します。

あなたの**お気に入りの手帳やノートもパワーアップ**する。それくらい、美味しいメソッドです。

こうして、ふせんをノートや手帳の代わりに使えば戦わずして勝てるようになり、「不戦勝」ならぬ「ふせん勝」があなたの懐に転がり込む、というわけ。

メモ術の枠を超えて仕事術やアイデア術も包み込む「仕組み」

「ふせんノート術」と名乗ってはいますが、その実態は「仕組み」です。「仕組み」である以上、**あなたの実情に合わせて、好きなようにアレンジできる。**

「ふせんノート術」というプラットホーム（台、基盤）の上に、あなたの手帳や手帳術、ノートやノート術を載せられるからです。

しかも、「仕組み」である以上、今までのように「手帳術」「ノート術」「メモ術」という細かく分類されたジャンル分けも無意味になる。
なぜなら、「ふせんノート術」では「手帳術」「ノート術」「メモ術」という枠組みを超えて、さらには「アイデア術」や「仕事術」などあらゆるフレームワークまでも包み込んでいるから。

この本の中では、しばしば「手帳術」とか「ノート術」、あるいは「メモ術」という言い回しが出てきますが、それは分かりやすくするための便宜上の表現にすぎません。従って、このあたりについては、細かいことを気にせずにファジー(あいまい)に読み流してください。

さて、あなた同様、私自身にも長年にわたって数々のノート術や手帳術を試してきた戦歴があります。ポケット手帳、バイブルサイズのシステム手帳、A5判のシステム手帳、夢実現手帳、フランクリン・プランナー、デスクダイアリー、「超」整理手帳、W-ZERO3、シグマリオン、A5判ノート、B5判ノート、ロディアメモ帳etc。残念ながら、どれ1つとして使いこなせませんでした。

このような試行錯誤、悪戦苦闘の末に、ようやくたどり着いたツールが、この「ふせんノート」。私の思いどおりに働いてくれた唯一の仕組みが、これからご紹介する「ふせんノート術」だったのです。

このメソッドを公にする以上、私なりに「優れた仕組みだ！」という根拠のない自信（笑）があります。なぜならば、ズボラ人間の代名詞である私でさえ、努力をせずに楽に使いこなせているから。

今まで使っていた手帳やノートの山

文字を持たない民族とメモが苦手な個人は滅んでいく？

私達人類の進歩に一番大きく貢献したのは「文字の発明」です。ご先祖様が作った最初の文字は絵文字でした。それを粘土板や石などにメモすることができて初めて急速な進歩が始まりました。

文字を持たずに口頭の伝承だけで語り継いできた民族が衰退し、文字を持った民族が繁栄してきた事実だけで、そのことが分かります。

文字を持たない民族、文字を活用できなかった人達には勝ち目がなかったということ。これと同じように、メモを活用できない個人にも勝ち目はありません。メモをとらずに生き残ることは至難の業《わざ》です。

では、たかが文字の有無になぜ、文明の盛衰や民族の存亡が懸かるほどの威力があるのか？

それは、人間の脳力つまり「脳の力」に限界があるからです。

膨大な情報を一瞬で覚えて、それをずっと忘れずに記憶し続けて、必要な時にすぐに思い出して、それらをすべて思いのままに組み合わせて、新しいアイデアを生み出す。

そんな神様のような凄い能力があるのなら、文字や数字やイメージを紙にメモする必要などありません。

すべての活動を頭の中で完結することができるからです。

でも、覚えられる記憶の量や正確さには限りがある。そして悲しいかな、覚えたことの大半を私達は思い出すことができない。

頭の中のどこかの引き出しに記憶として眠っているはずなのですが、どの辺の引き出しにどんな形で眠っているのかさえも分からないので、簡単には思い出せないのです。

思い出せたとしても、たくさんの記憶をすべていっぺんに活用しながら考えるなんて無理。そんな限界があるので、メモを活用することがどうしても必要なのです。

このように、メモに頼らずにあらゆる悩み事を自分の頭の中だけで解決することは不可能です。ＩＱ百数十の天才は別として、私達のような普通の人にできるわけがありません。

従って、もし仕事の悩みやプライベートの悩み、お金の悩みや将来の悩みを少しでも解決したいのであれば、メモを活用することは最低条件。

メモすることをサボって脳みそだけで解決できるのは、レオナルド・ダ・ヴィンチやエジソンのような天才だけ。

いいえ、実際には、彼らのような天才でさえ、膨大な量のメモを記していました。

自分が天才でも秀才でもないと自覚している人であれば、メモを活用しない生き方なんてありえない。

だからこそ、多くの皆さんがノートや手帳にメモすることの大切さを無意識のうちに感じている。

メモすることで、足りない脳力を補って、その潜在脳力を何倍にも膨らませることができるからです。

グズグズなお金・仕事を整えてくれたのは「ふせんノート」

今でこそ「ふせんノート」で楽をしている私ですが、以前は数十年ものあいだ手帳やノートを使いこなせずに苦労してきました。

字が下手くそで整理整頓ができないズボラな私にとっては、ノートや手帳を使いこなすなんて、ワニに腕立て伏せをさせるようなもの。

ところが、粘着面が広いドイツ由来のふせん「gnotes80（ジーノート・ハチジュウ）」（プリントインフォームジャパン）と出会ったことをきっかけに、根本的な解決法に気付くことができました。

そして、その方法を取り入れてみたら、根っこに隠れていた仕事上の問題に気付くことができました。

例えば、仕事において、現場から離れた本部の発想で議論すると、抽象論を展開する「空中戦」になってしまい、「原因を理路整然と美しくまとめ上げる」という罠に陥ってしまいがち。

しかし、本当の原因は理屈で推し量れない現場の暗黙知に隠されていて、ふせん片手に営業現場で感じた気付きをメモすることで初めてその事実に気付くことができます。

一例を挙げると、成績が悪い営業マンは商品知識が少なく、コンプライアンス（企業として法律や規則などを守ること）や事務ルールに明るくないために、数字が伸びずに事故が多いと捉えられがちでした。

ところが現実は、単に顧客との信頼関係を築けていないから成績が伸びず、トラブルが絶えなかっただけ。

実際には、成績の良い社員の知識レベルも同程度で、単にそれを信頼関係でカムフラージュしていたにすぎないということが分かったのです。

現場での**暗黙知的な気付きを拾って「つなぎあわせられるふせん」**があればこそ、このような根っこに隠れていた問題に気付くことができた、というわけです。

プライベート上の悩みも同じです。特にお金の問題をスムーズに解決できるようになったことで、私と家族の生活は大きく変わりました。

コロンブスの卵と同じで、実際にやってみるとシンプルですから誰にでも簡単に真似できます。破産寸前のどん底からはい上がって「お金の自由」を得られたこともそうですし、著者デビューできたのも、すべて「ふせんノート」のおかげでした。

『いますぐ妻を社長にしなさい』や『とにかく妻を社長にしなさい』（サンマーク出版）に共感してくださった10万人の皆さんからは、お金の自由を得た喜びの声が毎日のように寄せられます。生きる上での障害の多くは、お金に不自由していることが原因ですから、その意味でも少なからず貢献できたようです。

そして、「ふせんノート」を活用することで効果はさらに倍増します。お金の悩みだけではなく、勉強上の悩みや仕事上の悩み、人間関係の悩みなど、ありとあらゆる悩みを解決できる「仕組み」が詰まっているからです。

第1章

なぜノートや手帳を使いこなせないのか?

ノート術ジプシーが生まれる理由

世の中には膨大な種類の手帳やノートがあふれています。そして、その数に比例するように、手帳術やノート術が氾濫している。

あなたも、手帳を毎年変えたり、色々な手帳術やノート術を試してみた経験があるのではないでしょうか？


自分にぴったりの手帳術やノート術を見つけられずにさまよい続ける人のことを「ノート術ジプシー」と呼びます。

そしてほとんどの人が、自分では自覚のない「ノート術ジプシー」なのです。


なぜ、それほどまでにノート術ジプシーが生まれるのか？

努力が足りないからでしょうか？　それともセンスや才能の問題でしょうか？

最大の原因は、「メモにとって一番大切な役目」を果たせる簡単なメモ術（ノート術や手帳術）がこの世に存在していなかったこと。

メモにとって一番大切な役目は次の3つです。

1

気付きやひらめき、そして大切な情報を、一瞬で簡単にメモできること（即メモ）

どんなに大事なことでも、すぐにメモしないと忘れます。だから、いつでもどこでも思いついた時に即メモできなければなりません。

そこで、ゼロアクションで即メモできる「迅速性」と、常にメモを持ち歩ける「携帯性」が必須条件となります。

2

メモしたことを、後から一発で簡単に探し出せること（一発検索）

大切なメモがどこに書いてあるか分からなくなったり、メモ自体が失くなってては意味がありません。だから、メモを1ヶ所に集める「ワンポケット」と、その中身をすぐに見分けられる「一覧性」が大切です。

3

メモを自由自在に有効活用できること（有効活用）

悩みや問題を解決して、夢や目標を実現できなければメモの意味がありません。そのためには、好みどおりにカスタマイズしながらメモを活かせる「柔軟性」があって、グローバルスタ

ンダードであるＡ４判と相性が良い「Ａ４親和性」が大切です。

その他、出費の少ない「経済性」や、タスク管理・スケジュール管理との相性も満たせれば、完璧です。

そして当然の前提として、この**３つの役目を果たしつつ、誰でも楽に続けられるくらい簡単**でなければ使えません（継続性、簡便性）。


こうして見ると、あまりにも当たり前のことなので、誰にでも簡単に出来そうに見えます。

ところが、どこをどんなに探しても、この必要最低限の役目を発揮できるノートやノート術、手帳や手帳術は見あたらない。


だから新年や新年度が近づくと、多くのユーザーがジプシーとなって、理想のノートや手帳を求めてさまよい始める。

その証拠に、シーズン到来を待ちかねたように膨大な種類の手帳やノートが文具店や本屋さんにあふれます。種類が増えれば増えるほど、ますます自分好みの手帳を見つけることが難しくなる。

こうして結局は、理想の手帳・ノートが見つからないまま時間切れとなる。仕方なく妥協して、たまたま目にとまった手帳やノートを選ぶので、当然ながら思うように活用することもできません。

気付いてみれば、今まで慣れ親しんだ「役に立たない常識」に従って手帳やノートにメモをとり続ける日々を繰り返しているのです。

そもそも「ノートとは、紙面に何かを書くためにある」と思っていませんか？生まれてこのかた、両親からも学校の先生からも、「文字や数字や図表などを書くものだ」と教わってきました。そのくせ、正しいメモのとり方、効果的なノートの使い方を、一度も教わったことがありません。

だから、上の行から下の行へと罫線のとおりに書き進み、左のページから右のページへと書き進むのが当たり前だと思っています。

例えばお金ですが、学校でも家庭でも、お金の本質や正しい使い方を教わりませんので、ほとんどの人が間違ったお金の使い方をして大損していますが、そのことにさえ誰も気付いていない。

これと同じように、メモのとり方も教わっていないので、ペンで紙面の空白を埋める書き方に違和感がないのです。

でも、正しいノート術を知らない限り、ノートは使い物になりません。ウィンドウズやアンドロイドのような基本ソフトが入っていないパソコンやスマホが、そのままでは使い物にならないのと同じです。

あなたの手帳が「手錠」になる瞬間

特にやっかいなのが手帳です。なぜなら、「あなたの手帳」は「手帳」ではなく「手錠」だから。サイズを変えても、仕様を変えても、手錠は手錠。手錠を手帳のように使いこなせるはずがありません。

毎年取っ換え引っ換えしようが、使い方を変えようが、所詮無駄な努力だったわけです。

もちろん、「あなたの手帳」は「見た目」は手帳かもしれませんが、大切なことはどんな機能・役割を果たしているかです。

「あなたの手帳」は即メモ・一発検索・有効活用という一番大切な3つの機能を果たしていますか？　無理なく簡単に使い続けることができますか？　かゆい所に手が届いていますか？　小さなメモ欄と印刷済みのフォーマットのせいで、まるで手錠を掛けられたように窮屈ではありませんか？

そうだとすれば、「その手帳」が発揮している機能は「手帳ではなく手錠の機能」です。だからこそ、「手帳を思うように使いこなせていない」と感じる。

手帳を売っている側だって「実は手錠を売っていた」なんて夢にも思っていません。

あなたが今使っている手帳をじっくり見るとよく分かります。

アドレス帳やメモ帳が当然のように用意されていて、度量衡や地図のような、親切だけど余計な情報がてんこ盛りになってはいませんか？

マンスリーとウィークリーとデイリーのような何種類かのカレンダーが当たり前のように印刷されていませんか？

スケジュール欄の幅もメモリも罫線の高さも最初から一方的に決められていませんか？

その手帳オリジナルのフォーマットが最初から一方的に決められて印刷されているのではないですか？

しかも、小さな欄に小さな文字で無理やり詰め込むフォーマットになってはいませんか？

持ち運びしやすいようにコンパクトに作られていて、その結果としてメモできるページ数も最初から決められているのではないですか？

あるいは、たくさん書き込みができるように大きめに作られていて、持ち運ぶ時に重かったりするのではないですか？

こうして、あなたが手帳を選んだ瞬間に、その手帳はあなたを1年間拘束し続ける手錠になる、というカラクリです。

でも手錠は窮屈なので大半の人が堪《た》えられなくなって外すか緩《ゆる》めることになります。

つまり、最後まで手帳を使いこなすことができず、長続きはしないのです。いつの間にか、手帳という名の手錠を役に立てることができずに、その年を終えることになるのです。

細かなルールや自己啓発性があると続かない

「まさか……。冗談でしょ？　普通そこまでする？」

忘れもしない、世界一有名な手帳の講習会に参加した時のこと。あまりにもハイレベルな内容に驚いた私は呆気に取られ、しばらく呆然と佇《たたず》みました。

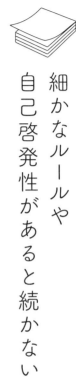

ベンジャミン・フランクリンのような超人、有名な企業家や名の通ったコンサルタント。天才や秀才が編み出した手帳術はあぜんとするくらい良く出来ています。気高い理念に貫かれていて、隅々まで考えられた体系的な「理想の手帳術」ばかりなので、畏敬の念さえ抱きます。

しかし、細かなルールでしばられた手帳術や、学問のようなノート術を見るたびに、素朴な疑問を感じます。「本当にそこまで必要なの？　そこまで出来る人ってどんな人なのだろうか？」と。

私のひがみかもしれませんが、こうした手帳術は、天才・秀才といわれる1％の人たちのための手帳術のように思えてなりません。私のような凡人には絶対に真似できません。真似できたとしても、そんな苦行はまっぴらです。


私は、子供の頃から整理整頓が苦手でした。私の周りはいつも「あるがまま」に散らかっていました。Welcome to the「カオス」です。当然、母親からは「また散らかして！　使ったらチャントしまいなさい！」と叱られてばかりいました。

社会人になってからも状況は変わっていません。「もう！　きちんと元の場所に戻してよ〜！」と、毎日のように妻から愛のムチが飛んできます。

余計なことを話してしまいましたが、何はともあれ、私は、そんな、どこにでもいるようなズボラ人間です。


もちろん、あなたを、私と一緒くたに括《くく》るつもりはありません。さりながら、1％の天才・秀才に当てはまらなければ、やはり似たようなもの。

凄い人達を想定した凄い手帳術を使いこなすなんて、どう逆立ちしたって無理なのです。

現代人は24時間365日コンプライアンスやセキュリティといった重い鎖でつながれています。それでいて、儲けを最大限に増やせとか、仕事を徹底的に効率化しろとか、残業するなとか、その他「できそうもないこと」をすべてやり遂げなければならない。あなただって、そうですよね？

日々雑多な業務に振り回されているわけですから、正直「手帳術」どころではありません。

そんな私達に完璧な手帳術やノート術を求める方がどうかしています。

それこそ、手錠をして鎖につながれた人に「全速力で走れ！」と言っているようなものなのです。

厳格なルールはひらめきを妨げる思考のブレーキ

私はルールという言葉が苦手です。なぜなら、ルールとは「モラルに欠けた人を前提にした手かせ足かせ」だから。

一方で、最低限のお約束事という意味でのルールは大切です。モラルとは関係なく、世の中をスムーズに動かすためのルールは避けて通れません。

一番分かりやすい例が交通ルール。「赤信号は止まれで、青信号は進め」というルールが良い例です。大勢の人々が集まる社会で暮らす以上、このような「お約束事」は不可欠です。


しかし、**手帳の世界には、「お約束事」としてのルールが、あまりにも多すぎる。**「余計なお世話だ！」と叫びたくなるようなルールが闊歩《かっぽ》している。もしあなたが今、本屋さんでこの本をご覧になっているのであれば、目の前にある別の手帳術やノート術の本を2、3冊手にとって見てみてください。

「これでもか！」というくらい、色々なルールを懇切丁寧に説明していませんか？　その本の著者にとっては、「ルールというよりも日頃から慣れている手帳術」なのかもしれません。

しかし、**メモのとり方は百人百様**です。いちいち「誰かが考えたルール」を覚えて実践するなんていう律儀なことはやってられません。

そんなルールは、**あなたの自由な発想を妨げる「思考のブレーキ」**にしかなりません。

あなたの性格や、あなたの仕事に合った、あなた流のやり方。それが、この世で一番あなたに適した方法なのです。

これは、手帳「術」に限った話ではありません。手帳という製品そのものが「ルールの押し売り」です。

お願いしてもいないのに、勝手に罫線が入っている。しかも、それは小さい文字しか書けない罫線だったりする。人によっては方眼の方が使いやすいかもしれませんし、白地が好きな人もいるでしょう。

大きさだって「小さい紙面にしなさい」と無理強いしてきます。

カレンダーも、マンスリーやウィークリーからデイリーに至るまで、手帳制作者の価値観を元に出来上がっています。

首都圏の地図とか路線図とか、とにかく色々な「おせっかい」が盛りだくさんですから、使わない人にとっては邪魔モノ以外の何物でもない。

某有名手帳に至っては、「本当にそこまでやるの?」というくらい徹底した「定番の使い方」があらかじめ用意されています。もちろん、手帳を使うだけで自動的に自己啓発ができる手帳って凄いと思う。

でも、自己啓発の大半は「苦行」です。人間は苦しいことを逃れて快楽や幸せを感じる方に向かいたいので、「苦行」がもれなくついてくる手帳術はハードルが高すぎて長続きしないのです。

ノート術や手帳術が「目的」になっていないか

どんなに優れた手帳や手帳術であっても、私達ユーザーがついて来られなければ意味がありません。なぜなら、**手帳はあくまでも道具だから。**

私は、長らく手帳術に悩んだ末、10年前にフランクリン・プランナーの講習会に参加し、高度なノウハウを教えていただきました。体系的・論理的に考えられていて凄い手帳術だと思いました。

ベンジャミン・フランクリンやスティーブン・コヴィーは私の尊敬する人物で、続ける動機を十分に満たしていたので、しばらく頑張って続けてみました。

しかし、結局は破綻してしまいました。

フランクリン・プランナーのような凄い手帳は、余程の使い手でない限り、手帳を使うこと自体が目的化してしまうほど、レベルが高すぎたのです。

手帳を使いこなす前に、逆に手帳にこき使われてしまうのがオチだった。

手帳は、私達の仕事をサポートするツールです。

その意味で、**ハイレベルな手帳や手帳術は、私のような凡人にとってはクエスチョンの塊**だということに気付いたのでした。

凡人が細かなルールを守り続けられるケースは2つしかありません。

1つは信念や信条のような強い動機がある場合。

しかし、手帳やノートの細かなルールに信念を感じる人は少数派でしょう。

2つ目は習慣化すること。

でも、健康的な食生活や運動、規則正しい生活のように一番大切なことでさえもなかなか習慣化できません。

まして、細かで膨大な手帳のルールを習慣化することは不可能です。

こうした本末転倒は、凄い手帳に限ったことではありません。ポケット手帳のような普通の手帳であっても、手帳それ自体が目的化しがちです。

なぜなら、手帳という製品にはたくさんの「埋める空欄」があるから。空欄があるとなぜか埋めたくなります。犬には、棒を投げると走りだして、口にくわえて持ち帰る習性があります。ネコには、小さな隙間を見つけると潜《もぐ》り込む習性があります。

同じように人間には、穴があると埋めたくなる、という不思議な習性があるようです。

その結果、手帳のスケジュール欄やアドレス欄やTODOタスク欄に空白があると、無理してでも埋めたくなってしまう、つまり手帳の空欄を埋めること自体が目的化されてしまうのです。

必要なのは、「A4ノート」と「ふせん」だけ

前述したように、手帳やノートにとって一番大切な役目は3つしかありません。それは、誰でも簡単に、

1 一瞬でメモできて、

2 そのメモを後で一発で探し出せて、

3 自由自在に有効活用できること。

でした。

その3つさえ満たせれば、その他の役目を手帳の中に押し込める必然性はないのです。自己啓発という役目を否定するつもりはありませんが、あまり欲張りすぎて長続きしなくなることこそ、本末転倒というべきでしょう。

手前味噌ですが、「ふせんノート」は3つの役目をしっかり果たします。しかも、手帳とかノートという「しばり」から解放されているので、手かせも足かせもない。誰でも簡単に続けることができます。

白紙のふせんは使いみちが自由なので、頭に浮かんだことを何も考えずにそのまま書いて見える化するだけ。書いたことがTODOだったら、書いた後にTODOの目印になる□を末尾か文頭につけるまで。書く内容はひらめきだろうが妄想だろうが感情だろうが何でも構いません。

そして、ふせんを貼る台紙がA4判の大学ノートなので、見開きでA3サイズとして使える。だから、紙面サイズの制約もありません。

しかも、好きなメーカーの好きな種類のノートを選べる。罫線が必要であれば、A罫線、B罫線、C罫線どれでもOKですし、方眼だって白地だってあります。使い手の創意工夫次第で、色々な使い方が可能です。**「ふせんに書いて台紙に貼る」という仕組みさえ崩さなければ、後は自由自在**です。

シンプルだから長続きする

長続きの秘訣は「シンプル」であること。何をするにも簡単でないと長続きはしません。年初めや年度初めには、誰もが手帳を新調して、やる気満々でワクワククした気持ちで手帳を使い始めます。

ですが1ヶ月もすると、使い方も雑になってきて、最初に決めたルールもほとんど守られなくなってしまう。手帳の最初のページと直近のページを比較してみると、その差は歴然です。原因は明白で、ルールがシンプルでないために手間がかかりすぎて長続きしないのです。

面倒くさいことを継続するには、それなりのパワーが要《い》ります。続けるためには、強力で安定したエネルギー源が不可欠なのです。

自分に「ご褒美」を与えると何とか長続きしますが、それは「ご褒美」をエネルギー源としてうまく活用しているから。

しかし、「ご褒美」を与え続けるのは意外と骨が折れる。なぜなら、「ご褒美」は、体や財布に優しくないから。

そこで私達は通常「意志の力」や「精神力」「根気」「気力」といったものを「エネルギー源」として使います。

実は、これが曲者《くせもの》。なぜならば、こうしたエネルギー源は、この世で一番当てにならない「不安定なエネルギー源」だから。「継続」を「挫折」へと導く最も典型的な落とし穴です。

やはり、無駄なエネルギーは、使わないに越したことはありません。気分が向かなくても、体調が悪くても、とにかくどんな時であっても、きちんと長続きするような「仕組み」。パワーがなくても続けられるエコな「仕組み」。そんな「仕組み」が備わっていなければ、決して長続きはしません。

さて、ひるがえって見てみると、ふせんノート術はシンプルですし、ルールもほとんどありません。A４ノートにメモ済みのふせんを貼る、ということくらい。しかも、これはルールというよりも「ありふれた仕組み」です。ふせんとノートのお互いの弱点をカバーしあって、お互いの長所を伸ばしあえる簡単な仕組みです。簡単だからこそ長続きします。

メモしたくなるのは「ハードル」が低いから

たかがふせん、されどふせん。「たかがふせん」だからこそ、ふせんは威力を発揮します。ふせんに何か書く際には「キレイに書こう」とか「書き順に気を付けよう」などと考える人はいません。深く考えずに思いついたとおりにストレートに走り書きする。それくらい「ハードルが低い」のがふせんの特徴です。

なぜ「ハードルが低い」かというと、ふせんが1枚1枚独立しているから。書き損じたり気に入らなければ捨てるまで。

ノートや手帳だと、そうはいきません。書き損じたり気に入らなければ、消して書き直さなければならない。普通のボールペンは簡単に消せないので、間違えないように丁寧に書かざるをえない。

このように、手帳やノートと違って「ハードル」が低く、気軽に手軽にメモをとれる点がふせんのアドバンテージです。

そしてコスト面でのハードルが低いことも「ふせんノート」の特徴です。いくら素晴らしい手帳が発明されたとしても、財布に優しくなければ意味がありません。

システム手帳は格好いいけど、イニシャルコストもランニングコストも高価です。ポケット手帳も、毎年買い替えしなければなりません。

その点、「ふせんノート」はリーズナブルです。A4ノートは100円ショップなどで手に入る。

おまけに、同じ100円ノートとは言っても、A4ノートはA6ノートの4倍もの紙面ボリュームがありますから、紙面単価は4分の1で済みます。

とはいえ、A4ノート紙面の「ふせんを貼る台紙の部分」には何も書き込まないので、その分の紙面がもったいないと思われるかもしれません。白状しますと、私も最初はそうでした。

過去のノートを見てみると、ノート紙面の文字の上にふせんが鎮座して、せっかくの書き込みが見えなくなっていました。でも後になって、こっちの方がよっぽどもったいないって気付きました。あなたには同じ轍《てつ》を踏んで欲しくはありません。

「ノート代は安くてもふせん代も含めると高いのでは？」

確かに、ふせんの費用を含めると、コストはアップします。

しかし、例えば100円ショップでは75㎜四方の全面のりのふせんが100枚100円で売っています。

ノート紙面をすべてふせんで埋め尽くしたとしても、60ページ合計でのふせん消費量はせいぜい360枚ですから300円〜400円程度。ノート代金と合わせても500円にも満たない。

メモ帳に必要不可欠で一番大切な機能すべてをコーヒー1杯の値段でまかなえて、あらゆる悩みから解放されるのですから、最高のコストパフォーマンスだと思いませんか？

ちなみに私が愛用しているgnotesは100円では買えませんが、値段を上回る価値があります。

なぜなら、gnotesの粘着のりは水溶性だから。

一般に粘着テープやふせんは、シックハウス症候群で有名になった油性粘着剤を使っています。

油性粘着剤を使ったふせんであっても、ふせん自体が小さいので通常用途では害はありませんが、安心できるに越したことはありません。


ふせんに使われる粘着力の弱い接着剤は、もともとただの「失敗作」でした。

なぜなら、「接着力の強い接着剤」の開発要求を受けて作ったのに、出来上がったのは「良くつくけれど、簡単にはがれる接着剤」だったからです。

そんなもの役に立つわけがない。誰もがそう思いました。でも、それがポストイットという形で商品化され、私達のビジネスシーンを一変させました。

ふせんノートに最適なgnote

この事例はビジネスのイノベーションの成功事例としてよく取り上げられてい

ます。ふせんというと地味な文房具のイメージを持つ人も多いと思いますが、実はとても革新的な商品だったのです。

そして、今では誰もが一度は使ったことがある商品になるほど普及しています。過去の常識、過去の習わしにしばられない自由な発想と変化が、私達に明るい未来をもたらしてくれる。そんな生きた実例です。

ふせんには、まだまだ誰も気付いていない使い方が埋蔵されています。私は、ふせんを脇役ではなく主役として使う方法に、偶然巡り合えました。

出会った瞬間のことは今でも忘れません。

なぜなら、生まれて初めて「目からウロコではなくふせんが落ちた」のですから。

第2章

「ふせん」×「ノート」があなたの可能性を広げる!

すべての情報が時系列でシンクロされる仕組み

「ふせんノート」は「飛行機を載せた空母」の仕組みによく似ています。空母の強さは、「空母に備わる要塞都市のような威力や、載っている戦闘機の機動力と攻撃力」、だけではありません。

それぞれの弱みを互いに補いあいながら、強みを倍増するという「仕組み」そのものが優れているのです。

「ふせんノート」では、何にでも貼ってシンクロできる**「ふせん」を「飛行機」のように活用することで、大きすぎるというA4ノート最大の欠点をカバー**します。

もう少し詳しくお話ししましょう。空母の場合には飛行機が基地や空母から発進し、素早く任務を果たした後で、空母に戻ります。そして、これに要塞としてのインフラが加わって、相

乗効果を発揮する「仕組み」になっています。

「ふせんノート」の場合もこれと同じ。持ち運びしやすい「ふせん」（飛行機）が、「ふせんカバー」（軽空母）やＡ４ノート（空母）から発進し、情報を素早く獲得（任務遂行）した後、Ａ４ノート（空母）に舞い戻る。

そして、後でお話しするフォルダー機能が組み合わさって、一層機能的に相乗効果を発揮できる「仕組み」が完成するというわけ。

そして肝心なのは、これだけでシンクロ（同期）が完璧に行われるということ。従来の手帳や手帳術が「携帯可能な手帳を1冊だけ使う」ことにこだわってきたのは、この「シンクロ」するという最重要課題をクリアできなかったから。

外出用の携帯手帳と留守番用のデスクダイアリーに分けると、**情報をシンクロできずに「ポケットが2つ」になって、情報が分散してしまう**からなのです。それを防ぐためには、「手帳を1冊だけ」に絞って持ち歩くしかなかった。持ち歩くためには、どうしても小型化するしかありませんでした。

「ふせんノート」はひと味もふた味も違います。

「Ａ４ノートの紙面上」において、

「すべての情報」が、

「時系列順」に、

「ワンアクション」で、

「自動的にシンクロされる仕組み」。

携帯用のふせんとお留守番用のＡ４ノートとのコンビネーションにより、そんな仕組みを簡単に構築できて、しかも、それを無理なく継続できる。

鍵を握るのは「コネクター」。ふせんには簡単に貼ったりはがしたりできる適度なコネクター（粘着面）が付いています。

gnotes80やPOWERSgnotesのような粘着面が広い「ふせん」なら、ヒラヒラとめくれて暴れたり、はがれたりすることもありません。

ノート紙面にしっかりと一体化されるコネクターですが、システム手帳のリングのように邪魔になることもありません。

百聞は一見に如《し》かず。左下の写真をご覧になってください。

このように、何の努力もなく、「自動的に情報がシンクロ」されて、すべての情報が1ヶ所に集まる。

ふせんに書いた内容とA4ノートに直接メモした内容が、A4ノート上で時系列に従って、シームレスに整然とつづられるのです。

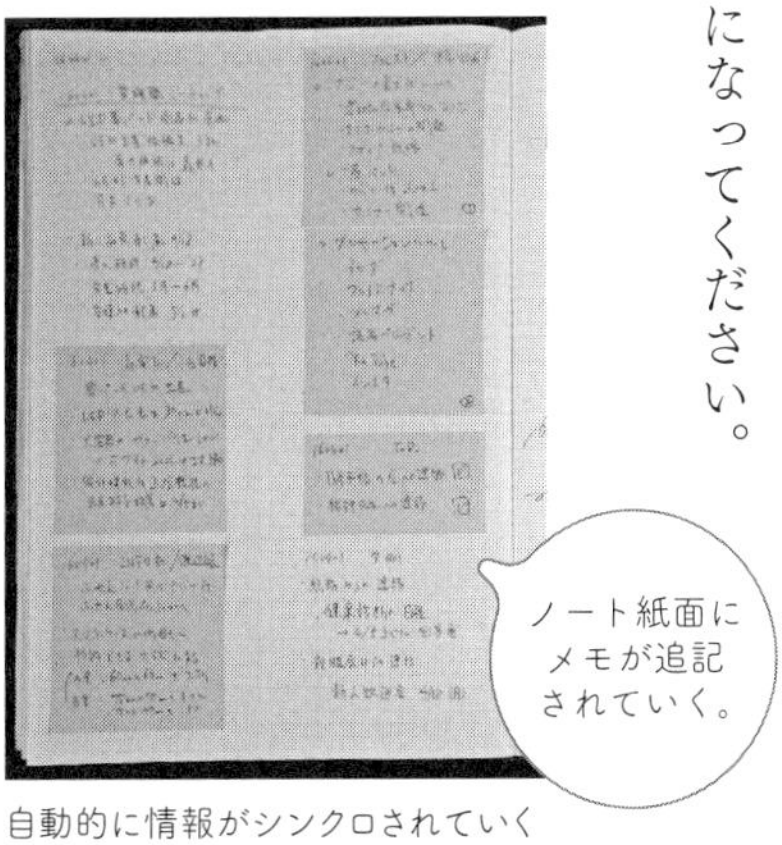

自動的に情報がシンクロされていく
ふせんノート

クラウドを使わなくても、アナログベースで簡単にシンクロする。

そして、「情報を載せたふせん」と「A4ノート紙面」とが物理的につながるので、**ふせん上の情報を核にして、ノート紙面上にメモを追記していく**ことができます。

外出時の思考（＝ふせん上）と、デスクに戻ってからの思考（＝A4ノート上）とが、有機的につながっていくというわけです。

ふせんとノートは弱みを補って強みを伸ばしあう最強のコンビ

もちろん、この「仕組み」を活かせるなら、「A4ノートとふせんの組み合わせ」にこだわる必要はありません。

携帯用メモ帳の代表格であるロディア（RHODIA）にメモして、自席に戻った後でミシン目から切り離して、ホチキスやのりを使ってノートに貼り付けても構いません。

ただ、ホチキスやのりを切らしてしまった場合には、作業が確実に先送りされます。そこから「ほころび」が生まれる。

また、のりやホチキスで貼り付けるためには、必ず2つ以上のアクションが必要です。余計な動作が入ると、億劫になって手を抜きます。

その点、ふせんであれば、そんな手間暇は一切かかりません。A4ノートの空白紙面に時系列順に「貼る」という、ワンアクションで完了する。

ふせん自体が余計なアクションを必要としない仕組みを内包しているのです。

もし、あなたの会社がB5用紙を常用する会社なのであれば、A4ではなくB5ノートとふせんを組み合わせてください。

ほぼ日手帳やデスクダイアリーをふせんと組み合わせても良いのです。

大切なのはコンビネーションという「仕組み」を活かして両者の弱みを相互補完することです。

スマホが「紙のメモ」に取って代わる日はまだまだ先

世の中は、スマホやタブレットのような先進的な情報端末であふれかえっています。

どれもこれも、気絶しそうなくらい良くできていて、とっても便利です。凄い世の中になりました。

でも、その便利なスマホは、実際に今あなたが抱えている「目の前の悩み」を解決してくれているのでしょうか？　もちろん、あなたにとって、今や欠くことのできないコミュニケーションツールです。

いつでもどこでも、世界中の情報にアクセスできます。「高性能の玩具」として楽しくゲームをプレイできます。

今までできなかった芸当が可能になりました。

正直、私もiPhoneにハマっています。この文章も Maid in “MacBook”。なんだか、「物凄いこと」をしてくれているように感じます。

でも、その「物凄いこと」は、私が今直面している難題を解決してはくれません。私の仕事の負荷を減らしてはくれませんでした。

どこか片手落ちな、大切なことが抜け落ちている感じがするのです。

「最先端のＩＴテクノロジーが私をサポートしてくれているのに、この焦燥感は何なんだ？」と不安に駆られます。

変な例えですが、酔っ払って「何とかなるさ！」と大船に乗った気分になった翌日の朝に味わうような、心の底から込み上げてくる、あの得も言えぬ焦りです。いつまで経っても、そんな不安感から逃げられませんでした。

それもそのはず。**パソコンやスマホが得意なことは実は３つしかありません。**

「**計算**」「**検索**」「**通信**」です。

つまり、それ以外の機能については、あまり期待できない、ということ。

そもそもパソコンやスマホは、とっさにメモすることや図や絵を入力することが苦手です。

「ビジュアルに即メモ」できる魔法のようなスマホは、今の技術水準では「ありえない」からです。だから、逆立ちしても「即メモ」ツールにはなれません。とっさの時には「紙とペン」に頼ります。

パソコンを起動したり、お目当てのアプリケーションソフトを立ち上げたりするまでに、どうしても数秒程度の時間がかかる。

職場のパソコンは電源が入れっぱなしですが、スクリーンセーバーにパスワードがかかっていれば、「即メモ」は無理です。自宅のパソコンも「スリープ」か「休止状態」にしていたとしても、やはり「即メモ」は不可能です。

運良く「即メモ」できる状態であったとしても、タッチタイピングする場合を除いて、入力すること自体にも時間がかかってしまう。

ましてや文字以外の情報の入力や、視覚的なイメージを「描く」となると論外です。いくら管理・検索機能が万全であっても、情報を即座に入力できなければアウトです。

意外と見過ごされがちですが、大切なことなので、具体的にお話しします。

紙のノートや手帳では、ページを開いた瞬間に文字情報が目に飛び込んでくるし、即メモできる状態になります。

ところが、パソコンのエクスプローラーを開いても最初に見られるのはファイル名だけ。中身がどうなっているかは実際に「ファイル」を開けてみないと分からない。

パソコン画面に表示されたエクスプローラーやファインダーを使って、フォルダーに入っているファイルの題名と更新日を頼りに、お目当てのファイルを探す作業から始めなければなりません。

ファイルを開くと、エクスプローラーやファインダーは後ろに隠れるので、それがお目当てのファイルでなければその都度ファイルを閉じなければならない。お目当てのファイルが見つかって初めて、中身を確認したり、追記・修正などの加工に取り掛かれるわけです。

しかも、紙と違ってパラパラめくることもできない。

電子化された1つ1つのファイルは、例えて言うなら「鍵をかけた扉付きの本棚の中の本」のようなもの。

パスワードを入力して「鍵を外し」、エクスプローラーやファインダーという「扉」を開けて、ようやく格納されているファイルの名前「本の背表紙」が目に飛び込んでくる。

その後でクリックして「本を開き」、ファイルの中身をスクロールしながら「ページをめくる」わけです。最低でも5アクションかかります。

おまけに、文字のクッキリさも、パソコン画面は紙とは比べものにならないくらい劣ります。要は読みづらい。見落とす情報も増えるし、目も疲れる。肩が凝って、ストレスも溜まる。

仕方がないので、そうならないように、わざわざプリントしたりしませんか？

もともと脳は、イメージベースでアナログ的に思考するように出来ています。

コンピューターのようにデジタルにはなっていません。

デジタル時計の数字で時刻を知る時と、アナログ時計の針の位置で時刻を知る時とを比べてみてください。

見た瞬間に今が何時かが分かるのは、針の位置で示されたアナログ時計ではないですか？

私達の脳は、このように感覚的であり、ファジーであり、アナログであり、大雑把であり、いい加減なのです。

そういうイメージをメモする場合、紙のようにフレキシブルな「まな板」の上でなければ表現できないことがたくさんある。

そもそも最初から、５Ｗ１Ｈでキレイに整った文章や数式が湧き出てくるわけではありません。

複数のキーワードを書き出して、カッコで括ったり、線で囲んだり、つないだりして初めて紙の上で形が整うのです。

だからこそ、最初から整った文章で入力することを当然の前提としている電子ツールは使いづらい。

その他、紙であれば、消し線を引くことで簡単に変更履歴を残せる。
ワンノックでボールペンの色を変えて文字を書ける。
アンダーラインやマーカーも使える。強弱もつけられる。
とにかく、何かと融通が効きます。

スマホでは期待以上の未来を引き寄せできない

それだけではありません。どう逆立ちしてもパソコンやスマホが絶対にできないことがある。

それは、ひらめきを組み合わせて新しいアイデアや工夫を作り出す「創造性」と、自ら「感情」や「熱意」を持って行動する「主体性」を引き出すこと。

ご存じのとおり、パソコンやスマホの「情報を検索する力」と「誰かとつながる力」はハンパでないくらい強力です。だから分からないことや困ったことがあると、ついついネットで検索したり誰かに聞いてしまう。意識が外へ外へとふわふわ浮いて拡散してしまい、自分の内面や奥深くの思考、感情や信念のような大切な所からどんどん離れていってしまうのです。その結果、誰かが発信した情報に左右されっぱなしになる。そして、自ら考えて判断することがなくなって、外からの刺激に条件反射的に反応するだけの主体性のない存在に成り下がってしまう。パソコンやスマホばかりに頼っていると、魂とか熱意とか信念が抜け落ちた腑抜《ふぬ》けた人間に退化する危険性がつきまとうのです。

その他、イメージや味覚や嗅覚・触覚を検索することもできません。

例えば、頭に浮かんだイメージを検索したければ、「どんなイメージかを文字情報に変換して文字情報として検索」するしかありません。

イメージという万能情報を、わざわざ不便な文字情報に変換しなくてはならないのです。

当たり前ですが、アイデアやひらめきは、すべて私達人間の想像力と行動から生まれます。それは、外から与えられるのではなく、自らが実感して熱意や情熱を持つことを通じて、私達の内側から生まれてくるのです。それがイノベーションにつながり、思いもよらない未来が開けるのです。

一人一人の幸せな未来も同じ。頭によぎったイメージと、それを実現したいという内側からの欲求（動機）、そしてそのための行動がすべて揃って初めて生まれてくるのです。

このことについては、本書の読者限定無料プレゼントである未公開原稿（ＰＤＦ）にて詳しくお話ししています。巻末に詳しい説明がありますので、ぜひ、ご確認ください。

クラウドをいいとこ取りした「ふせんノート」

一方で、世界中のＩＴ企業がこぞってブラッシュアップを続けているクラウドですが、その仕組み自体は理想的です。

クラウド化すると、すべての情報を1ヶ所にまとめられて、電波が届く限りどこからでもアクセスできる。

すべての情報が1ヶ所に集まるので、情報が散り散りになってどこにあるか分からなくなることもありません。

私も、自宅のパソコンデータのうち、よく使う大切なデータについては、クラウド化して定期的にシンクロ（同期）しています。

ただ、この利便性を仕事ですぐに活かせるかというと話は違ってきます。

なぜなら、会社や役所にとって一番恐ろしいのは情報漏洩だから。何十年もかけて築いてきた信用を一夜にして失ってしまう可能性もあるし、コスト面の問題もあります。

従って、サラリーマンが職場でクラウドをフル活用できるようになるのは、まだまだ先の話です。

それならば、個人レベルで「クラウドのいいとこ取り」をしていくことは出来ないものだろうか？　融通の効くプライベートの話ではありません。融通の効かない職場での話です。もちろん、手間暇をかけず、なけなしのお小遣い

の範囲内で。

そこで登場するのが「ふせんノート」です。「ふせんノート」では、あらゆるメモをすべて「ふせん」に書いて、メモ済みのふせんをA４ノートに貼り付ける、とお話ししました。

この方法を思いついたのはかれこれ10年近くも前になるのですが、もともとは「アナログクラウド手帳術」と呼んでいました。

アナログクラウドは造語ですが、「クラウド」とは、「クラウドコンピューティング」の略称で、インターネットを活用したＩＴ上の仕組みの総称です。

情報データやアプリケーションソフトを、サーバー側（インターネットのあちら側）に置いて、パソコンやスマホには余計なモノを入れません。

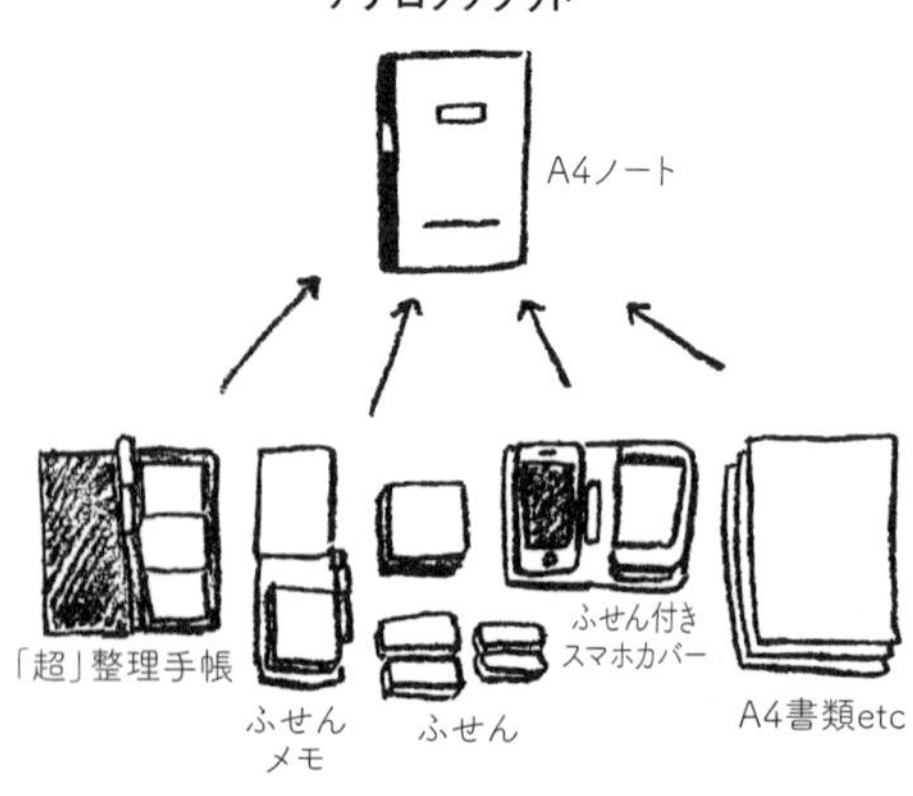
アナログクラウド
A4ノート
「超」整理手帳
ふせん
メモ
ふせん
ふせん付き
スマホカバー
A4書類etc

必要な時にだけ、サーバーにアクセスしてデータやソフトを利用します。

GmailやYahoo!カレンダー、FacebookやYouTubeなど、便利なサービスのほとんどは「クラウド」です。意識していないかもしれませんが、あなたはクラウドをすでに利用しているのです。ＩＴ用語ですから、当然「デジタル」世界の話であって、アナログ世界では「クラウド」という概念はありえません。

それなのに、紙をベースとしたアナログのノートがなぜ「クラウド」なのか？

「クラウド」の長所は、私達ユーザーにとっては次の４つです。

1 サーバーにデータを集められるので、情報がバラバラに分散しない（ワンポケット）。

2

サーバーにデータを置くことで情報を持ち歩く必要がなく、情報の紛失リスクがない。

3

電波の届く限り、いつでもサーバー上のデータベースにアクセス（ダウンロード・アップロード）できる。

4

複数のメンバーで、そのデータを共有・加工できる。

「ふせんノート」は、これらクラウドの長所をいいとこ取りします。

1

サーバーとしてのA4ノートに全情報を集約する仕組みになっていて、情報が分散しない。

2 大きなふせんを手帳代わりに持ち歩くので、情報を持ち出す必要がない。

3 外出先でふせんに書いた情報をノートに貼り付け（アップロード）できる。

4 個人の手帳では、内容を他人と共有する必要がないので、共有機能は不要。

だから、アナログな「紙」なのにクラウドと呼べるわけです。

iPhoneや神アプリでも解消できない悩み

1つ興味深い例を紹介しましょう。クラウドを活かした最先端のツールに

「Ever note（エバーノート）」という優れものがあります。

画像も文字も何もかもワンポケットに放り込むことができる素晴らしいツールです。それ自体は便利ですので、幅広く活用できることでしょう。

そのエバーノートに情報を放り込むツールの1つに「スマホ連動ノート」があります。

紙面をスマホで撮影して、デジタルデータとして取り込めるノートです。

メモ部分だけをデータとして格納できるので、手際良く保存・整理ができます。取り込んだデータをエバーノートを使って管理できます。

保存場所を取らず、しかも文字情報として検索することもできるので、もの凄く便利です。


でも、突き詰めて、よーく考えてみると何だか不思議です。

デジタル情報としてデータベース化するのであれば、メモ帳なんかにメモらずに、最初から文字データをスマホに入力すれば良いはず。

なのに、わざわざ紙のメモ帳にペンでメモしてからスマホのカメラで撮影するという二度手間をかけている。
せっかくスマホを持ち歩いているのにメモ用紙にペンで書くなんて、不思議ではありませんか？

いったい、どうしてこんなハメになってしまったのか？　理由として2つが考えられます。

1つは、即メモするには、スマホやパソコンは紙に敵わないから。
そして、もう1つは、イメージを直接デジタル入力することが難しいから。
だから、いったん紙に落とし込む。

「だったら、わざわざデジタル化せずに紙に書いて、紙のままで保存すればいいのでは？」

私も、そう思います。そもそも、情報をデジタル化するメリットは3つしかありません。

1

場所を取らない。

2

情報が散り散りにならない（ワンポケットを維持できる）。

3

文字データ化できれば、検索しやすくなる。

でも、この程度で良いのなら、紙でも十分対応できます。

1

A4ノートなら年間2、3冊分しか場所をとらない。

2
「ふせんノート」のようにワンポケット化すれば、情報が散り散りにならない。

3
「ふせんノート」であれば、後述するアナログ頭出し機能を使って紙をパラパラめくれば情報をすぐ見つけられる。しかも、正確な検索キーワードを知らなくてもファジーに検索できる。

そう考えると、わざわざメモ帳に書いたものを、時間と手間と通信コストをかけてその都度カメラで撮影してデータベースに送信する必要はありません。

外出時には、高価なスマホ連動ノートを持ち歩くのではなく、大きめのふせんを持ち歩けば、それで十分です。

スマホで撮影して管理する手間をかけずに、お留守番ノートに貼り付ければいいのです。

第3章

即メモできて、ひらめきを逃さない

ふせんとノートで「引き寄せ」を起こす

メモにとって一番大切な役目は、誰でも簡単に**（1）即メモできて、（2）そのメモを一発で探し出せて、（3）自由自在に有効活用できること**だ、とお話ししました。

もしこの3つの大切な役目をスムーズに果たせたなら、何が起こるか想像できますか？

完璧な記憶力を駆使して、頭の中だけで複雑な計算や思考展開をこなす超人的な能力。

そんな天才のような能力を「擬似的に」手に入れることが出来るのです。

その結果、あらゆる悩みが解決し、望んでいた結果が生まれる。

やりたかったこと、なりたかったもの、欲しかったモノが次々と手に入り、実現したかった夢が現実化するようになる。

なぜなら、紙の上で描かれた思考は行動に結びつき、夢を引き寄せるから。頭で考えることを「意識」と言いますが、紙に書くことを通じて、「無意識」という無限のパワーを引き寄せて、最大限に活用することができるようになるのです。

ひるがえって整理すると、一番大切なことは「手帳が果たすべき役目は何か」を明確にすること。

そして、その役目を発揮する「仕組み」を理解して、自分に合った方法で実践すること。それに尽きます。

本書を読み進むにつれ、その「仕組み」があなたの脳みそにダウンロードされるので、あなたにも自由自在に操れるようになる。

「仕組み」さえ理解して実践できれば、後は好きなようにしてください。

そこでまず最初に、一番大切な役目の1つ目、「気付きやひらめき、大切な情報を一瞬で簡単にメモできること」について、もう少し詳しくお話ししましょう。

「一瞬で簡単にメモできる」ことがなぜ大切かというと、すぐにメモしないと忘れるからです。日常生活を振り返ってみるとよく分かります。

例えば、何かをしようとした矢先に上司や同僚に話しかけられて、何をしようとしていたのかを忘れてしまった、という経験はありませんか？

あるいは、何かをするために隣の部屋に行ったのに、部屋に入った時にはその目的を忘れていた、ということがありませんか？

大切なことを瞬《また》く間に忘れるのは日常茶飯事です。

このような例は極端かもしれませんが、例えば眠りにつく時に考えたことや夜中にひらめいたことを「翌朝起きてからメモしよう」と思っても、ほとんどの内容を思い出すことができません。

だからこそ「いついかなる時であっても、どんな場所であっても、確実に一瞬で簡単にメモができる」ことは絶対に外せない大切な役目になるのです。

手帳やメモ帳は、昔からコンパクトで携帯できるものが主流ですが、いつでも肌身離さず持ち運べて「即メモ」できるように「携帯性」が重視されてきたのです。

誰もがハマる「携帯性の罠」

このように、手帳やメモ帳には「いつでもどこでもメモができる」ことが不可欠でしたので、「携帯性」に優れていることは確かに重要な機能でした。

しかし、その「携帯性」を大切にするあまり、その他の多くの利便性が犠牲になりました。犠牲になったのは、Ａ４サイズのような「大きなノート」でなければ実現できないものばかり。

大きな手帳を使えば、「携帯性」以外の役目をクリアすることは意外と簡単です。されど、「携帯性」も手帳にとっては決して譲れない生命線です。

手軽に持ち運ぶためには、軽くてコンパクトな手帳でなければなりませんでした。そのためには、その他の多くの機能を諦めざるをえませんでした。

私は、これを「携帯性の罠」と呼ぶことにしました。「携帯性の罠」とは、「手帳はコンパクトであるのが当然」という「決めつけ」です。世に出回っている手帳や手帳術の大半は、どれもこれも「携帯性の罠」に陥っていたのです。

この世に存在した手帳の中で、この相反する機能を両立させた唯一の手帳が、野口悠紀雄氏の「超」整理手帳です。

「超」整理手帳は、ジャバラ式予定表とジャバラ式メモ帳が差し込まれたA４横四つ折サイズの手帳です。

相反する機能を「１冊の手帳に収める」ためには、「超」整理手帳のように大きな紙をジャバラ方式で折り畳んでコンパクトにするしかありません。

しかし、相反する機能を１つに「押し込む」ことにも限界があります。

例えば、空を飛ぶことを例にとって考えてみましょう。

鳥のように空を飛ぶことは、大昔から私達人類の夢でした。

鳥のように空を飛ぶには「羽根」が必要です。

「だったら、腕に羽根を付けて頑張って羽ばたいてみよう！　そうやって努力すれば、いつかは必ず飛べるはずだ！」


そんなわけないですね（笑）。そんなふうには誰も思いませんし、そんな話は誰も信じません。そもそもなぜ空を飛びたいのかというと、飛ぶことにより高い場所や遠い場所に素早く簡単に行けるからです。

「目的」は、あくまでも「高い場所や遠い場所に早く行くこと」であって、「人間の体に羽根を付けること」ではありません。今の時代は、飛行機やヘリコプターといった便利な「乗り物」があります。何のことはありません。「乗り物を使えばいいじゃない」という話になるだけです。


今までの手帳や手帳術が挑戦してきた努力も、実は「人間に羽根を付けて羽ばたく努力」とよく似ています。

手帳に無理やり「携帯性」という名の「羽根」を付けようとしていたのです。

しかし、もともとトレードオフの両立しない関係にある両極端の機能なのですから、ハナから無理に決まっていたのです。

情報の乗り物は2台以上用意しろ!

では、どうすれば無理なく「携帯性」を確保できるのか?

コロンブスの卵と一緒で、答えは意外と素朴なものでした。

人間が遠くに行くために「乗り物」という道具を使うように、情報にも「携帯性のある乗り物」を用意してあげれば良い。たったそれだけのシンプルな答えでした。

手帳やノートは「情報を載せる乗り物」です。

メモが果たすべき役目が大きく分けて3種類あるのですから、その乗り物も1台では足りません。

それならば素直に、それぞれの機能を一番うまく発揮できる『乗り物』を用意して、それを組み合わせれば良いのではないのか？

私達が移動する時に、徒歩→電車→飛行機→タクシーと乗り物を乗り継ぐのと同じに考えれば良いわけです。

こうして、相反する機能を1つの乗り物に「押し込む」のではなく、乗り物を「組み合わせる」ことによって、この難題をいとも簡単にクリアできました。

もちろん、携帯用の手帳と大きなデスクダイアリーとを組み合わせるという古典的で役に立たない手帳術はNGです。

そもそも、複数の手帳やノートを併用する手帳術は「情報がバラバラに分散して、どこに書いたか分からなくなる」という致命的な欠陥を抱えています。

お留守番用のデスクダイアリーと携帯用の小型メモ帳とを組み合わせた母艦方式の手帳術がメジャーになれなかった最大の原因はここにありました。

ふせんノートなら情報が分散しない

ふせんノート [メモが一体化して、一覧できる]

〈A4ノートへのメモ〉〈ふせん手帳へのメモ〉

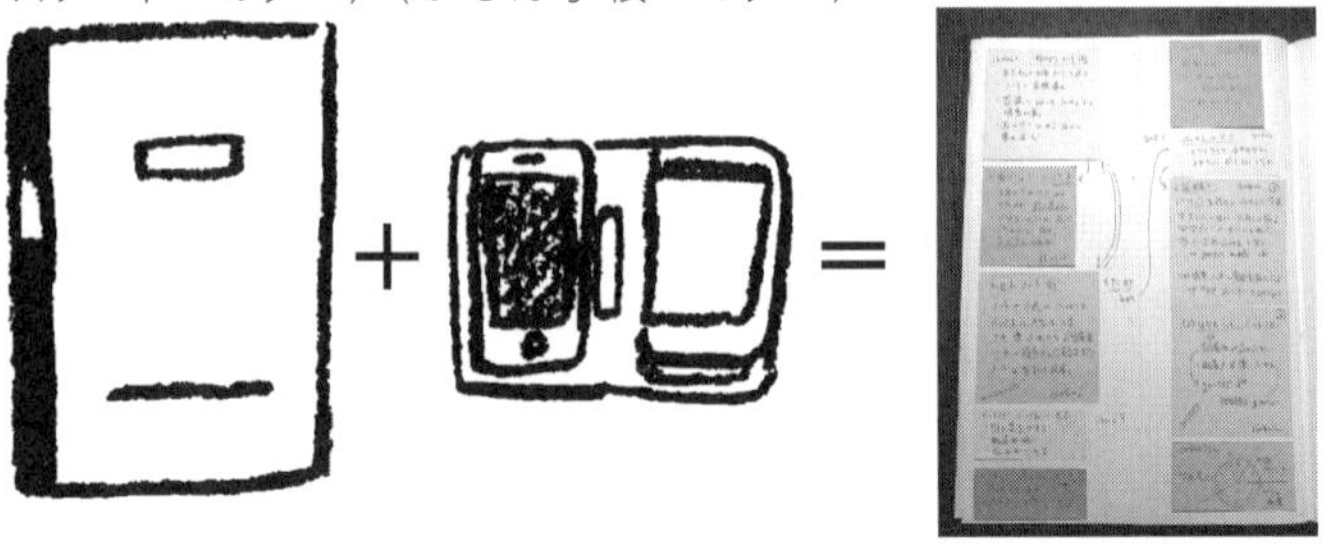

母艦方式のメモ術 [メモはバラバラのまま]

〈B4ノートへのメモ〉〈小型手帳へのメモ〉

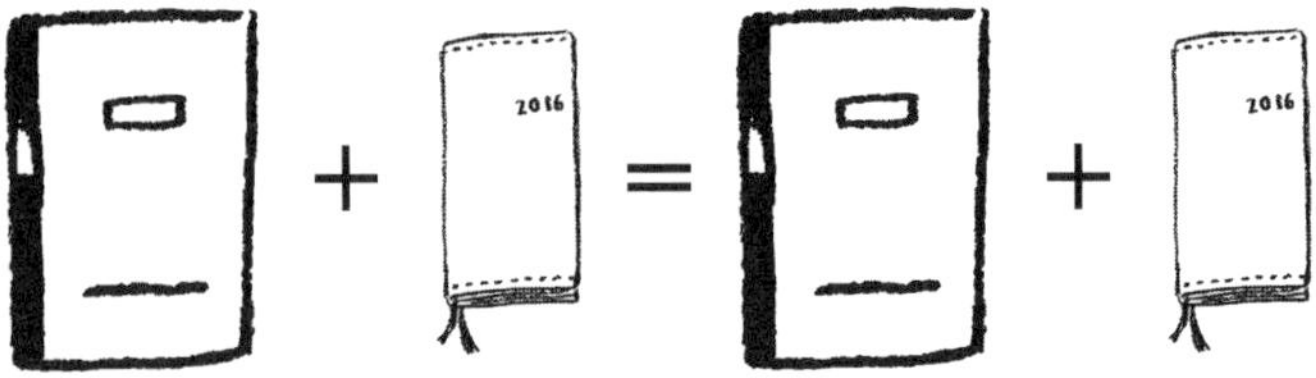

小さな手帳だけのメモ術 [一覧性が犠牲]

〈A5ノート、A6ノートだけに特化〉 〈小型手帳だけに特化〉

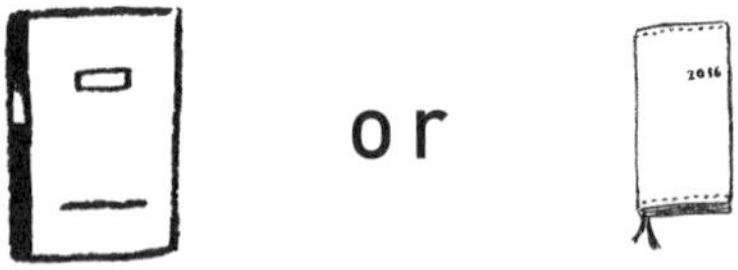

その情報は本当に持ち運ぶ必要があるのか？

そもそも外出時に、ノートや手帳に載っている情報をすべて持ち出す必要性があるのでしょうか？

例えば、商談のために取引先を訪問する場合には、提案書や見積書その他の資料を持っていきます。

プレゼンテーションするのであればプレゼン資料やパソコン、タブレットを用意します。

そう考えると、ノートや手帳として持ち出すデータは、そう多くはありません。「スケジュールや電話番号」などに限られてきます。

そうであれば、あえて「重要情報や顧客情報が詰まったノートや手帳本体」を外に持ち出す必要はありません。

ヘタに情報の宝庫を持ち出すと、情報漏洩のリスクを背負い込むだけですので、おすすめできる方法ではありません。

いや、むしろおやめになった方が、あなた自身のためになります。

加えて、後ほどお話ししますが、外出時のようなメモをとりにくい環境下は、色々なひらめきが浮かんでくるお宝タイムになります。

そんな時に、ノートや手帳に書いたメモを見ながら頭にインプットする作業をするなんてもったいない。情報の持ち出しは百害あって一利なしということです。

持ち運ぶのは「ふせん」という無人飛行機だけ

だからこそ外出時には、「大事な情報が載った手帳やノート」を机にしまっておくべきなのです。その代わりに「情報用の乗り物」を持っていく。

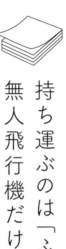

1 **それは、携帯性に優れていてコンパクトで軽い「乗り物」です。**

2 **大事な情報を持ち出す必要がない「乗り物」です。**

3 **それでいて、お留守番ノートにシンクロ（同期）できる「乗り物」です。**

この3つの条件を備えている「乗り物」こそが「大きなふせん」というわけです。

そこでまずは、「粘着面が広い大きなふせん」を用意しましょう。

このふせんをスマホ用のカバーの内側などにまとめて貼る。

鞄や財布などにも忍ばせておけば、持ち忘れを防ぐこともできます。

私は、75㎜×75㎜、75㎜×40㎜、60㎜×60㎜のふせんを愛用していますが、あなたの好みや用途に合わせて、もっと大きなサイズでも構いません。粘着面が広いふせんはたくさんあるので、はがれたり折り曲がる心配もありません。

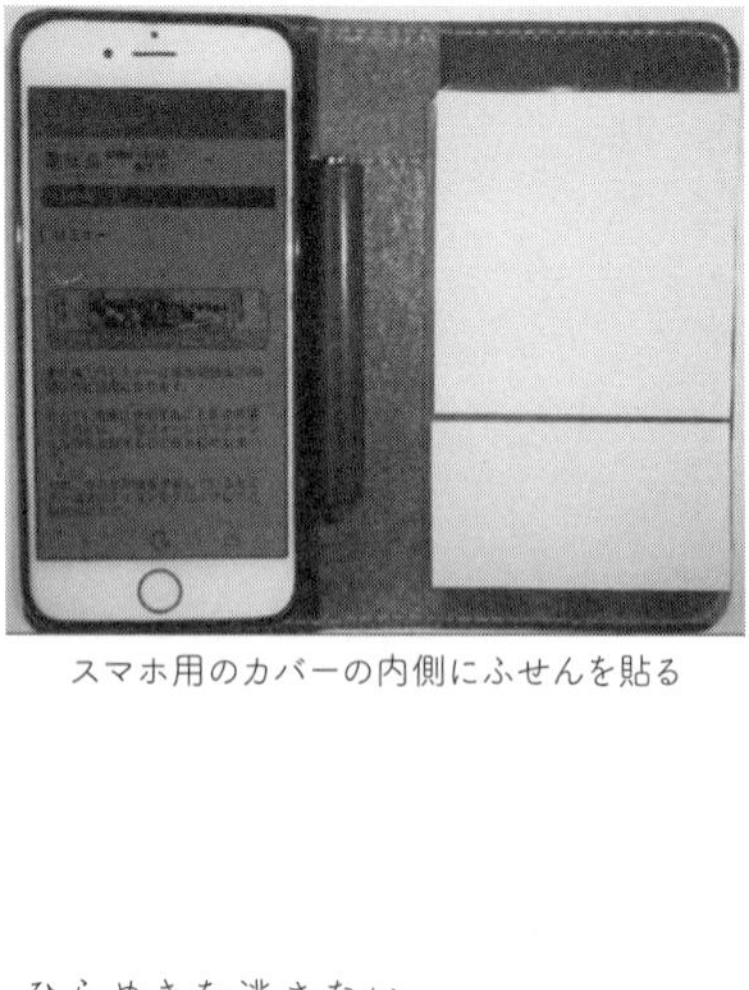
スマホ用のカバーの内側にふせんを貼る

ふせんは『目印用』や『補足用』に使う補助的なツールだった、とお話ししました。

ゆえに、ふせんといえば目立ちやすいカラーふせんばかりで、ノートのような白いふせんは皆無に近い状態でした。

あくまでも脇役なので「使い捨て」が当たり前でした。

しかし、大切なことは、何を使うか（WHAT）ではなく、どう使うか（HOW）です。

ツールというものは不思議なもので、使い方次第で発揮される能力と威力は一変します。

「ふせんノート」では、コロンブスの卵のように、ふせんの使い方が180度変わります。

「目印用」や「補足用」といった補助的なツールとしては使いません。

ノートや手帳の「メモ紙面」そのものとして活躍してもらいます。ふせんはもう脇役なんかじゃありません。

押しも押されもせぬ「主役」となるのです。

ふせんは大きくて粘着面が広いタイプがおすすめ

ノートや手帳の代わりに使う以上、ふせんのサイズは大きめです。

私が試行錯誤した経験上では、75㎜×75㎜、75㎜×40㎜、60㎜×60㎜の3タイプが一番使い勝手が良い、という結論になりました。

手のひらでメモするサイズとして手頃だからです。

メモ用途にもよりますが、これ以下ですと少し物足りません。

逆に、75㎜×100㎜サイズ以上ですと、余白部分が増えてしまいます。もし、75㎜×75㎜サイズにメモが収まらなければ、複数枚使えばいいだけの話です。

この場合、分かりやすいように①②③……と、通し番号を付番します。

部分のりタイプの場合には、粘着面がノート上側になるように貼り付けましょう。こうするとノートを閉じる時にもふせんが折れ曲がりにくくなります。

従って、メモする時も、粘着面が上側を向いた状態でメモします。

ところで、こうしたふせんの一番の弱点は、粘着部分でない箇所がヒラヒラしていて不安定な点です。

でも、幸いなことに、最近では、粘着面の広いふせんが豊富です。

世界最大手の3M社をはじめ、世界第2位のAMC社（日本法人はプリントインフォームジャパン）、さらには100円ショップの商品に至るまで、粘着面が広いタイプは日本中どこにいても手に入ります。

ノートに貼り付けた時の安定感は格別ですし、ふせんを持ち歩く際のカバーからも外れません。

75㎜×75㎜でしたら100円ショップでも粘着面の広いタイプが手に入りますが、プリントインフォームジャパンのgnotesでしたら、粘着面の広いタイプが全サイズ揃います。

粘着面が広い上に粘着力が強いので、ヒラヒラしたり、はがれ落ちたりしにくいのが特徴です。

サイズも、一押しの75㎜×75㎜、75㎜×40㎜、60㎜×60㎜すべてが揃っています。インクの乗りも良く価格も安価ですし、色の品揃えも豊富です。

この他に、カードと同じサイズでお財布や名刺入れに忍ばせておくことができるふせん（Card-Fitなど）や、携帯ケース付きふせん（gnotes80 mobileなど）、バッグなどに忍ばせておいてもよれたりしない台紙付きふせん（gnotes MOBILEな

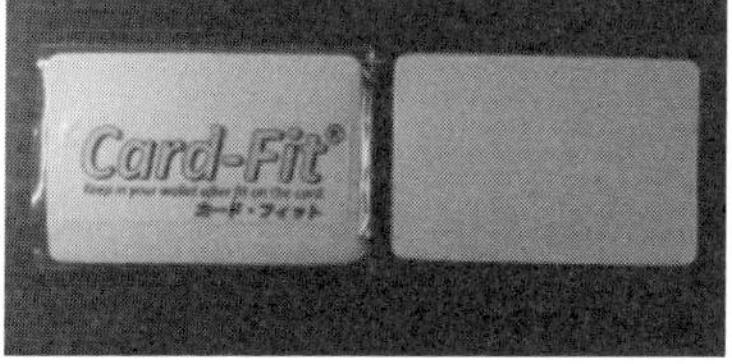

カード型ふせん（Card-Fit）

ど）etc、アイデアいっぱいのふせんがありますので、あなたに合ったものを探してみてください。

携帯用のふせんにはお洋服を着せなさい

ふせんは「裸」のままの商品が一般的です。「使い捨て」を前提としているため、ポケットや鞄に入れて外に持ち出すことを想定していません。

ふせんの定義を繙《ひもと》いてみると、「文書とは別」のものであって「一時的に使用する」という脇役的な存在でしかないことが分かります。

そのせいもあって、ふせん専用カバーはマイナーです。「脇役にそんな立派な衣装は要らない」ということなのでしょう。

しかし、「ふせんノート術」では、ふせんが一番の主役です。

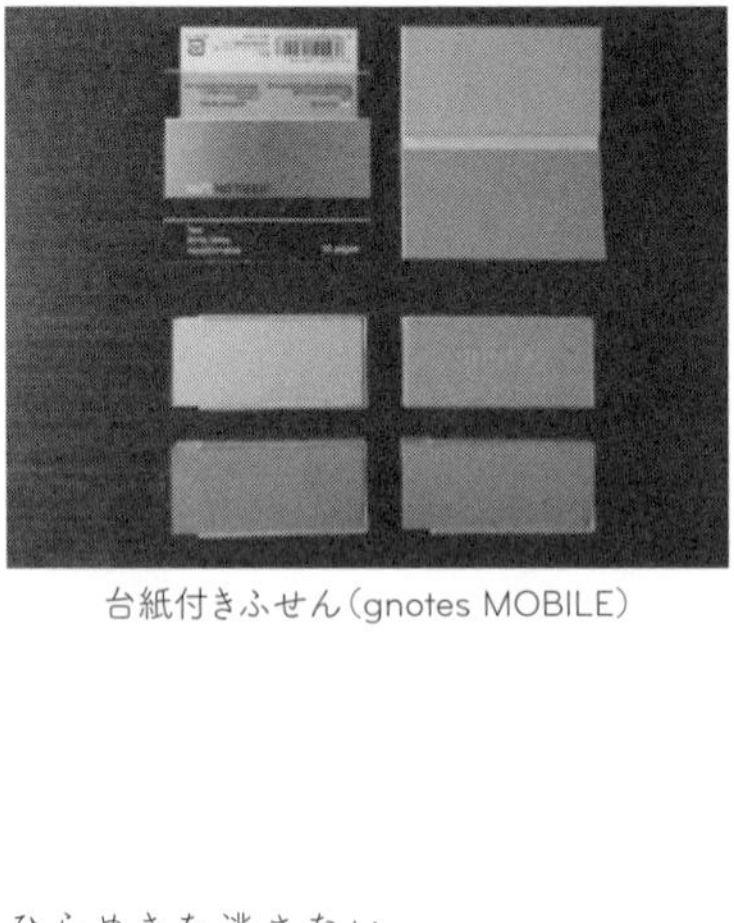

台紙付きふせん（gnotes MOBILE）

しかも、ふせんは主として外出時に人前で活躍します。ヒロインを「裸」のままで外出させるわけにはいきません。しかも、ナイーブで傷《いた》みやすい素材です。カバーでガードすることは、当然のことと心得てください。

幸いにも、75㎜四方ふせん専用カバーが市販されています。ネットで検索してみると、何種類かのカバーにヒットします。

ただし、商品によっては粘着面の広いタイプのふせんには対応していませんので、ご注意ください。

コンパクトさ重視なら ロディアメモ帳カバーで

ふせん専用カバーはまだまだマイナーですが、ふせんカバーに転用できる市販品は豊富です。中でもフランス生まれのオシャレなメモ帳ロディア用に作られたカバーは重宝します。これをふせんカバーに転用します。

例えばロディア・ブロックNo.11（7・4㎝×11・5㎝）用のメモ帳カバーは、

75㎜×75㎜サイズのふせんにぴったりフィットします。同社オリジナルを始め、様々なカバーが商品化されています。私も以前は、スリップオンというメーカーのロディア用メモカバーを使っていました。約4000円と少々高価ですが、なめし革を使っていて、使い込むほどしっくり手に馴染む逸品です。

フリップタイプなのでワンアクションで即メモ体制に入ることができますし、ペンホルダーが標準装備されています。

ただ、ロディア用カバーを転用する際には、1つだけ難点があります。

それは、ふせんをカバー内側の革の部分に貼り付ける際に、はがれ落ちやすいこと。当初は、私もこの問題に悩まされ続けました。そして、試行錯誤を繰り返す中で、解決策を見つけることができました。

それは、クリアファイルを台紙として使う方法です。

クリアファイルの袋綴《ふくろと》じ部分を、75㎜×100㎜サイズに切り取って、ロディアブロック用カバー内側のポケットに挿し込みます。

メモ済みのふせんを一時保管するストックヤード用にも、同じ要領でクリア

ロディアメモ帳カバーの転用例

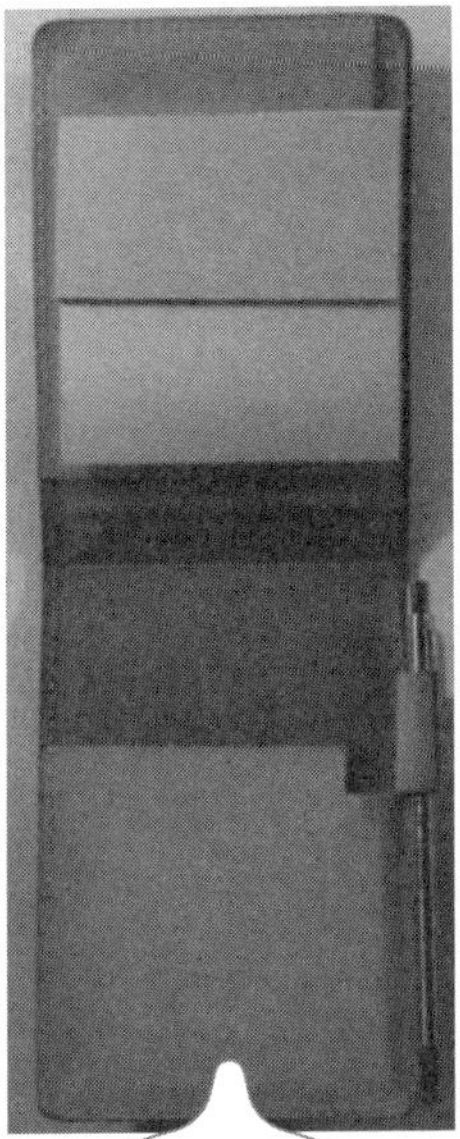
台紙の表を75mm四方ふせん、裏側に75mm×40mmふせんを格納。

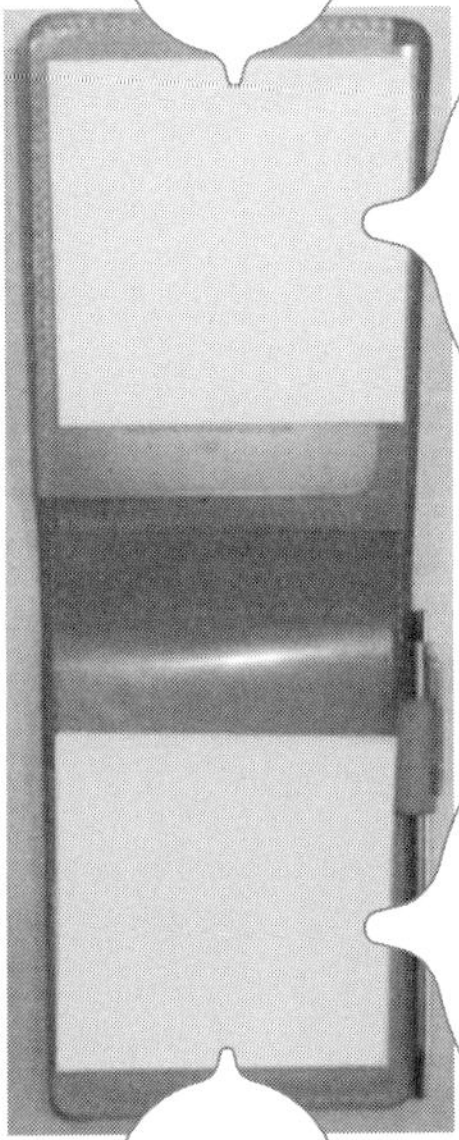
メモ済みふせん
メモしたふせんは、ここ（ふせん手帳カバーの裏側）に一時的に保管します。クリアファイルを切り取り、台紙代わりにすると、はがれづらくなります。
未使用のふせんは、ここにまとめ貼りしておきます。クリアファイルを切り取り、台紙代わりにすると、はがれづらくなります。
未使用ふせん

クリアファイルの加工例

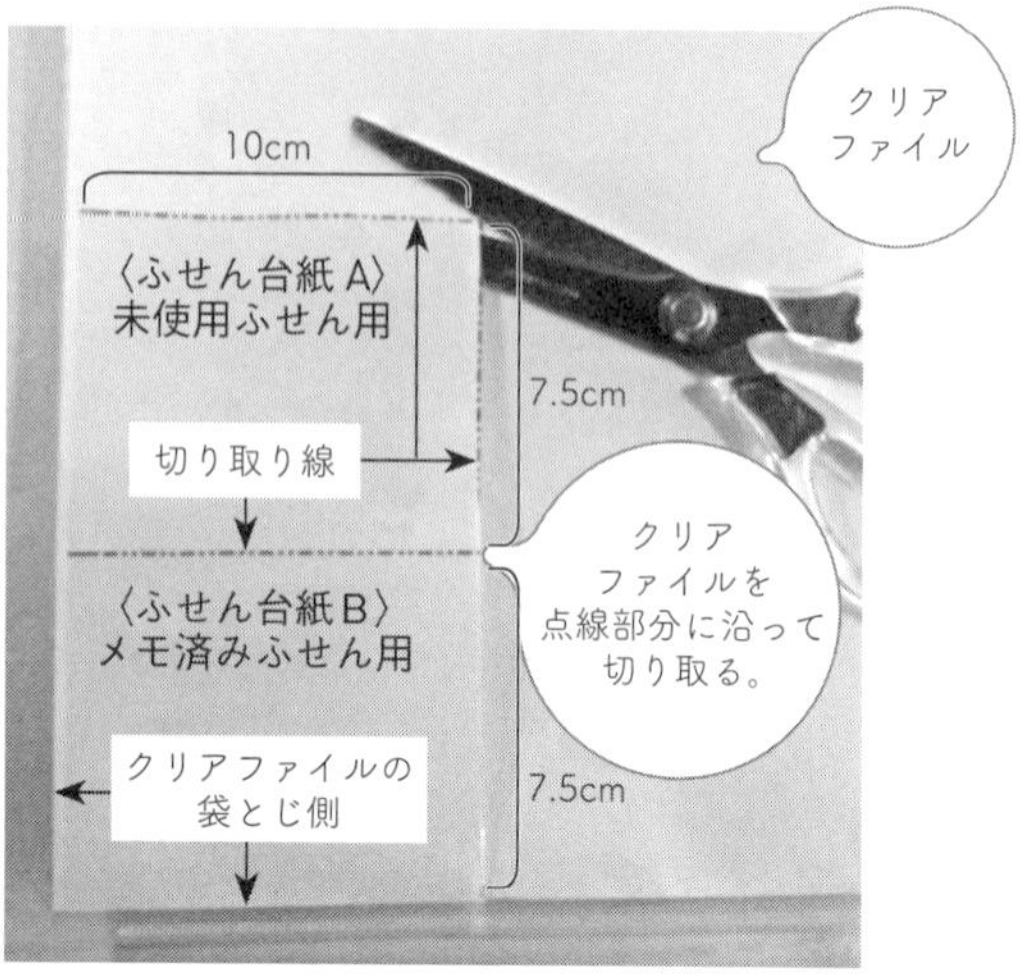

①クリアファイルを10×7.5cmに切り抜く

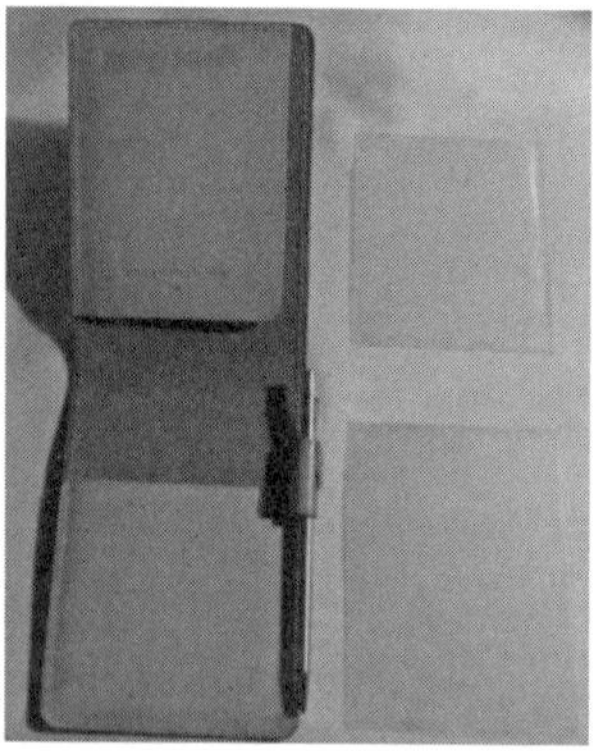

②台紙をロディア用カバーに挿し込む

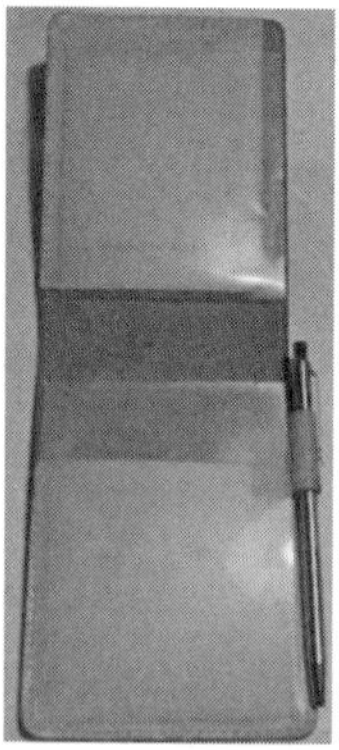

③挿し込んだところ

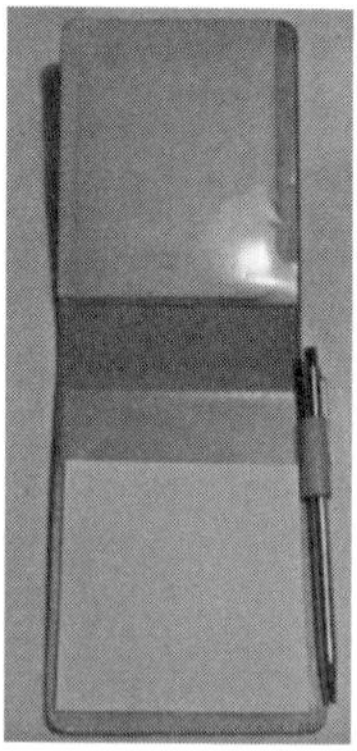

④ふせんを台紙に貼り付ける

ファイルを切り取って、フラップ（蓋）の裏側に挿し込みます。

クリアファイルの角の二側面の袋綴じ部分を使うと安定度が増します。

また、カバーに差し込むベロの部分のカドをハサミで切って丸めると挿し込みしやすくなります。

機能性重視なら「超」整理手帳で

No.11に比べて2倍ほど縦長になるのですが、ロディアブロックNo.8用カバーや「超」整理手帳のカバーも転用可能です。No.8用は90㎜×220㎜の縦長サイズです。幅はNo.11と同じで、ポケットにも納まります（頭は飛び出します）。No.11用カバーと同じ要領で、クリアファイルを切り取って台紙代わりに使います（80㎜×210㎜）。

スリップオンやアッシュなど各社から商品化されています。

「超」整理手帳の場合にはカンガルーホルダを台紙代わりに使えます。

ところで、No.11用カバーの方がNo.8用カバーよりコンパクトですので、携帯性は優れています。

しかし、活用の幅の広がりという点ではNo.8用カバー（または「超」整理手帳カバー）に軍配が上がります。A4プリントをジャバラ折りにして挟み込めるからです。

「超」整理手帳カバーの転用例

自由度重視なら トラベラーズノートで

デザインフィル（ミドリ）のトラベラーズノートほど自由度の高いツールはないかもしれません。構造そのものがシンプルです。革製のカバーに、内容物を挟むゴムひもがあるだけです。

これにふせん用の台紙を挟めば、即席のふせんカバーに転用できます。具体的には、堅めのクリアファイルか厚紙をカバーに合わせて切り取ってゴムひもに挟み込むだけ。後は、お好きなタイプのふせんをまとめ貼りするだけで完成します。

ちなみに、レギュラーサイズのカバー本体は、H２２０㎜×W１２０㎜ですので、googleカレンダーなどのスケジュール表をA４サイズでプリントして、「超」整理手帳方式にジャバラ折りして、ゴムひもに挟み込むと、「超」整理手帳並みに機能性に優れたふせん手帳が出来上がります。

スマホのカバーをふせんカバーに転用すると天下無敵

試行錯誤を経て、私はスマホのカバーをふせんカバーに転用する方式に落ち着きました。

これが、今現在考えられる最も優れた仕組みです。

数式で具体的に表現すると次のようになります。

「ふせん×スマホ×スマホカバー」×Ａ４ノート＝史上最強！

携帯電話を持たない人はほとんどいませんが、大半がスマホユーザーです。

落としても壊れないように誰もがカバーを付けますが、時代のトレンドは、今やスマホの画面を保護できるような手帳型のカバーです。

だったら、そのスマホカバーにふせんをまとめ貼りしてしまえ！というわけです。

具体的には、ロディアのカバーを転用する時と同じようにクリアファイルを使います。ふせんが落ちにくいようにクリアファイルを切り抜いて台紙を作り、その上にふせんをまとめ張りして、スマホカバーに差し込むのです。

台紙があるとメモ済みのふせんを裏に貼って一時的にストックできます。

愛用の手帳もふせんカバーにバージョンアップ

「理屈は分かるけど、長年愛用してきた手帳なので今さら手放せない」という方も、どうぞご安心ください。そんなあなたには、今お使いの手帳を活かしながら、ふせんノートの「仕組み」だけを「いいとこ取り」する早技をおすすめします。

もし、ポケット手帳を使っているのでしたら、その手帳をふせんカバーに「転用」しましょう。

その手帳の「メモ欄」を完全に無視するか、ま

ポケット手帳のメモ帳を切り取ってふせんを貼り付けた例

たは切り取って捨ててしまいます。代わりに大きなふせんをまとめ貼りして、ふせんをメモ帳代わりに使います。

もし、システム手帳を愛用しているのでしたら、今後はメモ用リフィルは不要です。メモ用リフィルの代わりにふせんをまとめ貼りしてください。
システム手帳には、樹脂製の仕切り板やタグが付いていますので、そのシートをふせん用の台紙として使うだけで完成します。

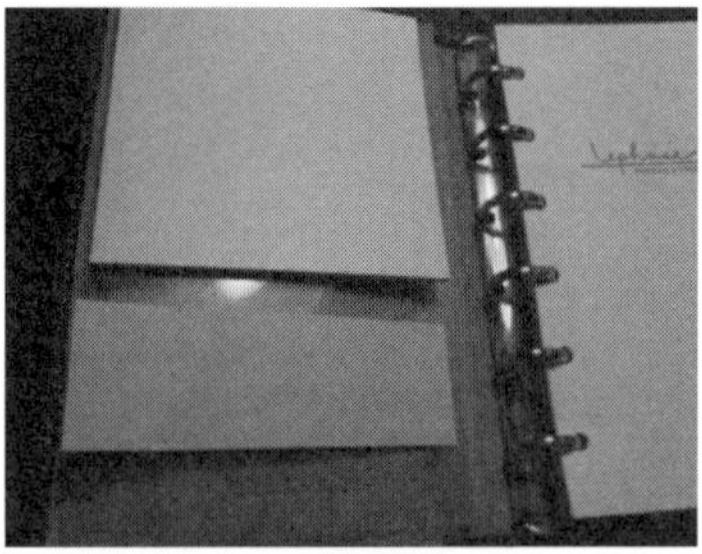
システム手帳にふせんを貼り付けた例（樹脂製の仕切り板に貼ると落ちない）

ビジネスマンだろうと学生だろうと主婦だろうと基本は1つ

あなたがビジネスマンであれば、必ず手帳かノートかメモ帳を使っているはずです。学生であれば、勉強用のノートは不可欠です。主婦の場合も、必ず何かにメモをします。

ふせんをノートや手帳代わりに使うので、今までノートや手帳に書いていた大切なことはすべてふせんに書いてください。

さらに、気付いたことやひらめいたことも片っ端からふせんにメモします。やらなければならないこと「TODOやタスク」もふせんに走り書きする。分からないことや調べたいことがあれば、これもふせんにメモする。大切な情報はもちろんのこと、伝言もふせんにメモしてください。

営業マンだろうが、新入社員だろうが、管理職だろうが、起業家だろうが、主婦だろうが、学生だろうが、メモを書く場合は必ず「ふせん」に一本化すること。それが鉄則です。

ふせんにメモを書いて、後はノートや日記やデスクダイアリーに貼り付ける。この仕組みさえ維持していただければ、後は自由自在です。

白紙のふせんをスマホカバーにまとめ貼りするのか、愛用の手帳にまとめ貼りするのかは、あなたの好み次第です。

ちなみに私は、座右の銘など覚えたい言葉やフレーズもふせんにメモしています。それを蓄積しつつ、脳裏に刻みたいフレーズをふせんカバーの裏側に貼ってスキマ時間に眺めています。その他、感情や妄想を書くも良し。脳裏に浮かんだことの中には宝の山が隠されているので、そのまま書いてどんどん見える化しましょう。

ふせんノート術は、このように自由度が高いので、「ふせんに書いて、お留守番ノートに貼る」こと以外にルールはありません。

実際に、このルールを守ってメモし続けるうちに、自然に自分オリジナルの使い方が出来上がります。後は、そのオンリーワンを極めれば良いだけです。

著者からのプレゼント

幻の原稿「アナログクラウド手帳術」進呈

”１冊の「ふせんノート」で人生は、はかどる”
のご感想をブログかフェイスブックでご紹介下さった方全員に、お蔵入りとなった幻の原稿 PDF を進呈
（H28 年 12 月末までの期間限定）

※PDF ファイルはサイト上で公開するものであり、冊子などをお送りするものではありません。

「*gnotes MOBILE*」５個セット進呈

ブログやフェイスブックでご紹介頂いた本書のご感想の中で、著者が特に参考になったと感じた方には、著者愛用のカバー付ふせんを進呈
（H28 年 6 月末まで 100 名様限定）

※プレゼントにつきましては下記 URL より別途申請をお願い致します。

※お申し込みや内容についてのお問い合わせは、
フォレスト出版ではなく、次の坂下仁公式サイト所定フォームからお願い致します。
＜プレゼント申請はこちらから＞
http://moneysommelier.com

ふせん1枚で、付加価値を量産する
やり手ビジネスマン！

ビジネスマンであれば、お客さんとの会話から得られた気付きやキーワード、商談のエッセンスをふせんに走り書きします。

会議で配布される資料にもふせんを貼ってコメントを書き込みます。

上司への報告、同僚への伝達や依頼、部下への指示なども、ふせんがおすすめです。メールだけだと見落としてしまう可能性もあるので、大切なメールを送信した時には、私もしばしばふせんを併用してきました。

そしてビジネスマンにとって何よりも大切なことは、世の役に立つ付加価値を生み出し続けて、それを人様や社会に届けて貢献することです。

そのためには、優れたアイデアや企画を生み出し続けることが大切になります。そこで威力を発揮するのが、後述する「ふせんマップ」三兄弟。

これさえあれば、誰でもアイデアを量産し、レポートなどをサクッと完成させることができるようになります。

ふせんは若手社員のナビゲーター

若手社員がメモする習慣を身に付けるツールとしても、ふせんは最適です。ふせんは書き込みのハードルが低く、苦もなくメモできるので、メモを簡単に習慣化できるからです。そこで、上司や先輩からの指示やアドバイスをガンガンふせんにメモしましょう。

また、分からない単語や慣用句、その他知らない言葉や疑問点があれば、次々にメモして後で調べて追記する。それを業務ノートに貼ると、オリジナルマニュアルが出来上がります。

タスクもふせんで管理してください。社会人になると、雑多なやるべきことが次々と舞い込んできて、あっという間にタスクの山に埋もれてしまいます。

資料の作成やコピー、提案書や見積書の作成、お客さんとのアポイント、他部署とのネゴシエーション、上司や先輩から指示された業務の遂行、資格試験の勉強、社内研修の復習、キャリアプランの策定ｅｔｃ、仕事回りのタスクだけでも膨大です。優先順位をつけて、ふせんを並べ替えて管理しないと仕事が回らずパンクします。

暗黙知を見える化するふせんは ベテラン社員と管理職の味方

ベテラン社員や管理職ともなれば、常に組織のことや部下のこと、お取引先のことや会社の将来のことなどを気にとめながら、バランスの取れたマネジメントをしなければなりません。まさに、言語化できない暗黙知を活かした深い洞察力や判断力を求められます。

そして詳細は後述しますが、ふせんこそが暗黙知を見える化する最強ツールなのです。

また、ベテランや管理職には、ウッカリは許されません。その意味でも、記憶するのではなく記録するための最強ツール「ふせん」は手放せません。

ふせん1枚で就活も恋も勉強も思いのまま

これまでの勉強法は、ノートに直接書き込む方式が主流でしたが、これだと、追記したり並べ替えたり書き直したいと思っても、後の祭りです。ところが、ふせんノートでは、並べ替えも追記も自由自在。気に入らない部分があれば、書き直して貼り替えるだけ。

友達との雑談やゼミでの議論から得られた気付きや知識をふせんに書けば、後から授業用ノートに貼り付けられます。

大切な部分や苦手な部分を色分けするテクニックも使えます。例えば、ピンクは試験によく出るポイント、黄色は間違えやすいポイント等々。

さらに、スキマ時間に暗記したいことを、英単語カードのように書いて蓄積できます。なかなか覚えられないことは、そこから抜き出して、持ち歩いたり、トイレの壁に貼ったりして覚える。その他、ふせんを模擬試験や問題集の問題に貼って、ふせんの上で問題を解いていくと、後で復習しやすくなります。

ゼミの研究テーマについても、気付きやひらめきを得られやすくなります。サークルや部活の企画案・就活のプラン、彼女や彼氏その他恋愛回りの気付きや感情だって思いのまま。

こうして、色とりどりのふせんのように彩り豊かな学生生活が送れます。

ふせんは就職活動でも重宝します。就活では、未知の「やるべきこと」が波のように押し寄せます。

自己分析をしてＰＲポイントを整理したり、エントリーシートをブラッシュアップしたり、その他自己ＰＲの練習、ＯＢ訪問、会社説明会、面接対策、筆記試験対策、面接本番、試験本番ｅｔｃたくさんのやるべきことを、ぬかりなくこなさなければならない。

でも、ふせんを使えば、優先順位や手順を見える化できるので、並べ替えて軌道修正することも自在です。

そもそも就活以前に、どのような仕事をしたいのか、どうやって社会に貢献すべきなのかを真剣に突き詰める必要があります。
そのためには、潜在意識の奥底に埋もれている「実現したい夢」を再発見しなければなりません。ふせんにメモする習慣さえあれば、再発見につながる気付きやひらめきに事欠きません。

ちなみに、OB訪問や面接の際に、ふせんにメモをとると、結構目立ちます。OBや面接官から「あれ?君はふせんにメモしているんだね。なぜ手帳ではなく、ふせんにメモをするの?」と聞かれます。すかさず、ふせんノートの効用と優位性を伝えれば、「できる奴!」という印象を与えられます。

やりくり上手の主婦は貼り替え上手

主婦の毎日はとにかく忙しい。掃除・洗濯・料理・子育て・学校関連のあれこれ・近所付き合い・ご主人のサポート・自分自身のスキルアップなど、サラリーマン以上にハードです。共働きの主婦に至ってはまさにスーパーウーマン。女性は男性よりも、右脳と左脳をつなぐ神経の束が太いので、複数のことを同時にこなす脳力が高いと言われますが、それでもやはり大変です。

ふせんは、そんな主婦の味方です。やるべき雑多なことが多いので、それらのタスクを管理する小道具として欠かせません。

料理の献立・お買い物・子供やご主人の予定・夫のサポート・家計のやりくり・ダイエット計画・美容・趣味・パート・副業・ママ友ランチの日程調整や予約etc、主婦こそタスクを管理しないと毎日が回りません。

そこで、やることを思いついたら次から次へとふせんに走り書きしましょう。そして、それらのタスクをこなす場所にふせんを貼り付けていきます。そうすれば、やり忘れを防ぐことができます。

例えば、冷蔵庫の中にある食材は見えにくいので、意外と管理が厄介です。そこで、よく使う定番の食材名をふせんに書いて冷蔵庫の扉の上段に貼っておき、量が少なくなったら下段に貼り替えたり、手帳やスマホケースに貼り付けます。

それだけで、買い物リストが完成する、というカラクリです。買ったら、また元の場所に戻すだけで何度でもリサイクルできます。

子供に伝えることを思いついたら、すぐにふせんにメモをして、子供部屋のドア、子供への連絡ノート、その他子供が必ず見る所に貼る。
夫に相談したいことや伝えたいことを思い出したら、すぐにメモして夫が必ず見る所に貼る。

その他、衣装ケースや収納ケース、小物入れなど、中に何があるか分からない入れ物に貼って管理すると便利です。その場合は、ロールふせんを使うと書くボリュームも自在に調整できます。

のり付け不要！　転記も不要！
すべての情報を一発シンクロ！

ふせんノート術ではメモをふせんに書きますが、外出先では、「キーワード」

さえ書き込めれば、それで合格です。

例えば、お客様との面談時は、あくまでも相手とコミュニケーションをとることが一番大切です。

従って、通常は、キーワードのような短いメモしか書き込めません。後で記憶の糸をたどって思い出すための「糸口」の役割さえ果たすことができれば、それで十分です。

具体的に、私のある1日の会社での行動を例にとってご説明いたしましょう。

1

ふせん手帳のふせんは白紙の状態で、業務始業時のノート紙面には、昨日までのメモが記載されています。

2

この日は、面談の約束を入れていたお取引先3社を訪問。A4ノートを会社に置いて、ふせんだけを持って外出しました。

3

1件目の訪問先にて先方の担当者の方とお話しした要点をふせんにメモします。

4

商談終了後、メモ済ふせんを台紙の裏に貼って一時保管します。

5

2件目でも、同様にお客様との会話の要点をふせんにメモをとり、メモ後は台紙の裏に貼って一時保管します。

6

帰社後にメモ済みふせんをA4ノート紙面に順番に貼り付けます。

7

最後に、夕方の社内ミーティング時のメモを先ほどのふせんの後ろに追記します。

1〜2　お留守番ノートとふせん付きスマホカバーの朝の状態

（1）朝のノート紙面

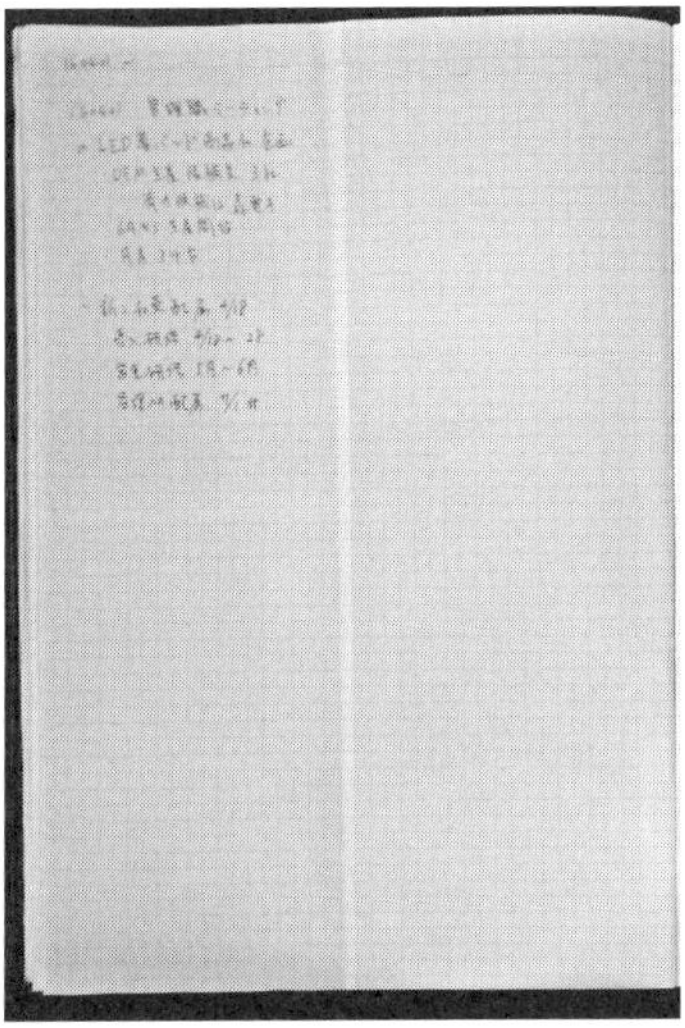

（2）日中外出時

白紙のふせん

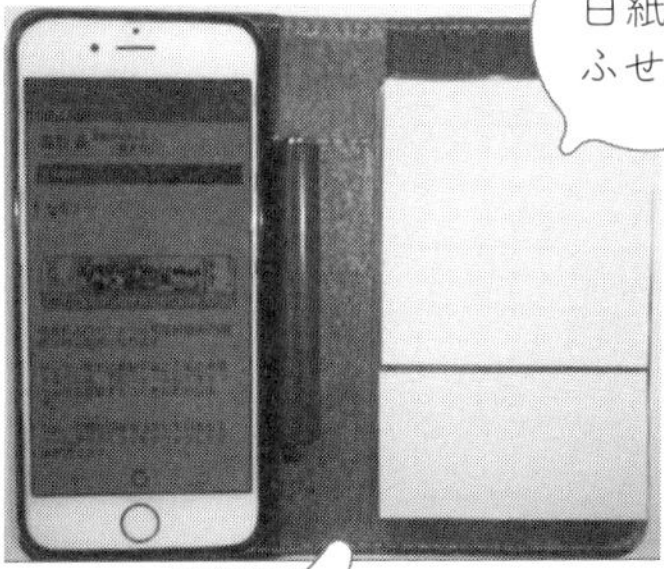

外出時には、ふせんを携帯し、A4ノートは会社に置いておく。

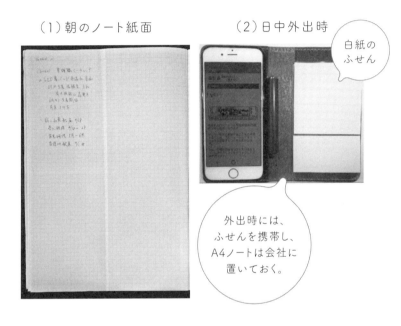

3～5　外出時のふせん付きスマホカバー

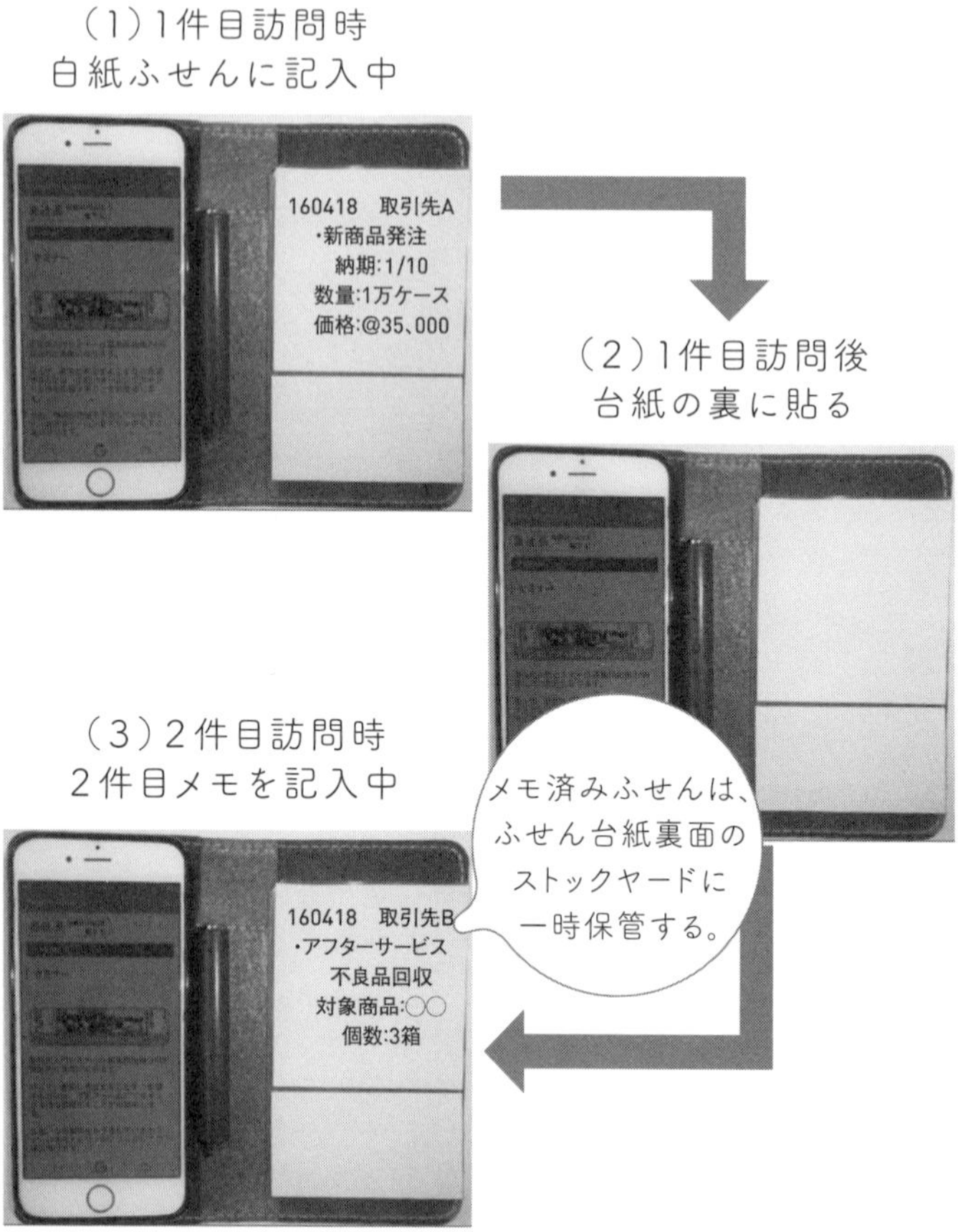
(1)1件目訪問時
白紙ふせんに記入中
160418　取引先A
・新商品発注
納期:1/10
数量:1万ケース
価格:@35、000
(2)1件目訪問後
台紙の裏に貼る
(3)2件目訪問時
2件目メモを記入中
160418　取引先B
・アフターサービス
不良品回収
対象商品:○○
個数:3箱
メモ済みふせんは、
ふせん台紙裏面の
ストックヤードに
一時保管する。

6〜7 帰社直後のノート紙面と翌朝のノート紙面

(1)帰社直後のノート紙面

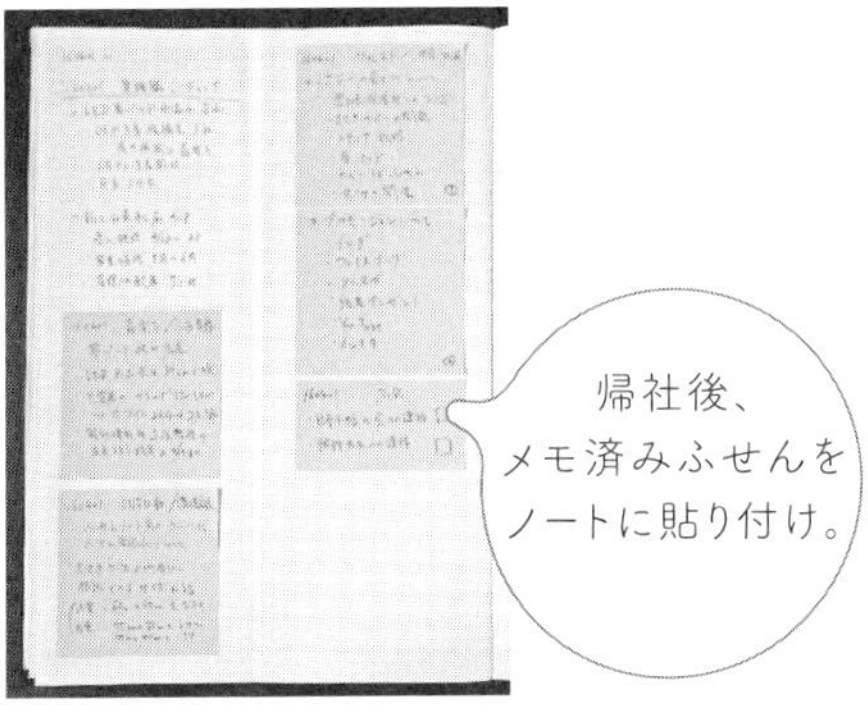
帰社後、
メモ済みふせんを
ノートに貼り付け。

(2)翌朝のノート紙面

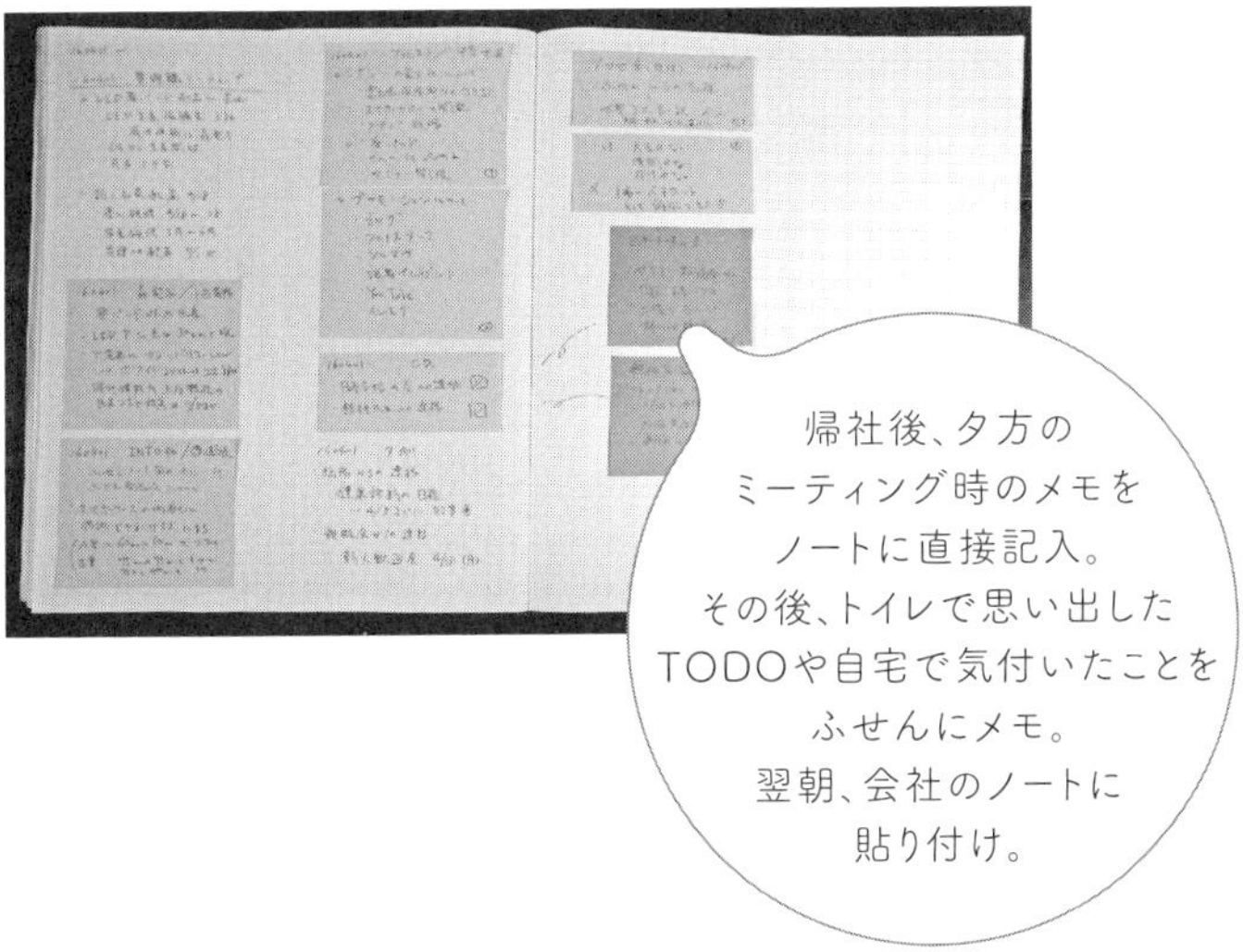
帰社後、夕方の
ミーティング時のメモを
ノートに直接記入。
その後、トイレで思い出した
TODOや自宅で気付いたことを
ふせんにメモ。
翌朝、会社のノートに
貼り付け。

一体化した後も、ふせんとその台紙となるＡ４ノート紙面にコメントを追加できます。ふせんからはみ出すことを気にせずに追記してください。

ノート紙面と色は違いますが、そんなことは気にせずに「一体だ！」と考えてください。ふせんとノート紙面とは物理的な境目があっても、内容面での境界はありません。紙面上で縦横無尽に領空侵犯してください。

誰かに提出するレポートではないので、わざわざ別のノートに転記したり清書することも不要です。

ちなみに、内勤中心の方は、机上のメモや、会議中のメモが中心になります。従って、ふせんメモよりもノート上での追記メモの方が多くなるはずです。営業マンなど外回りが多い方は、ふせんメモで紙面が埋め尽くされます。

A4ノートとふせんをシンクロさせる

社内でのメモは
A4ノートに直接記載。
160401は2016年
4月1日の略。

外出先でのメモは
ふせんに記入。
帰社後にメモ済み
ふせんをA4ノートに
貼り付ける。

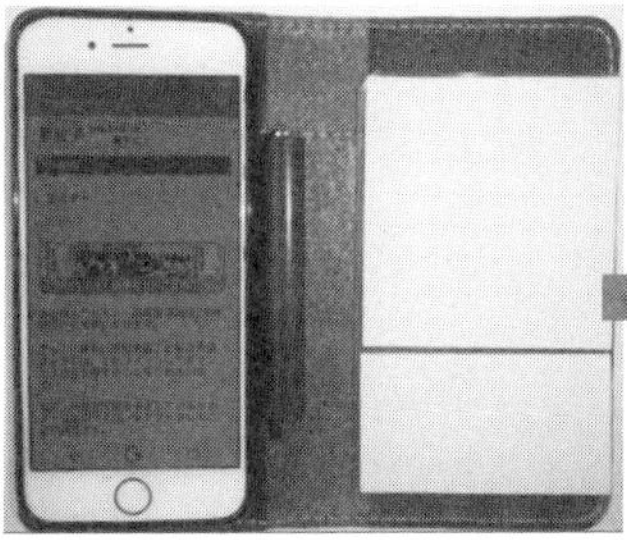

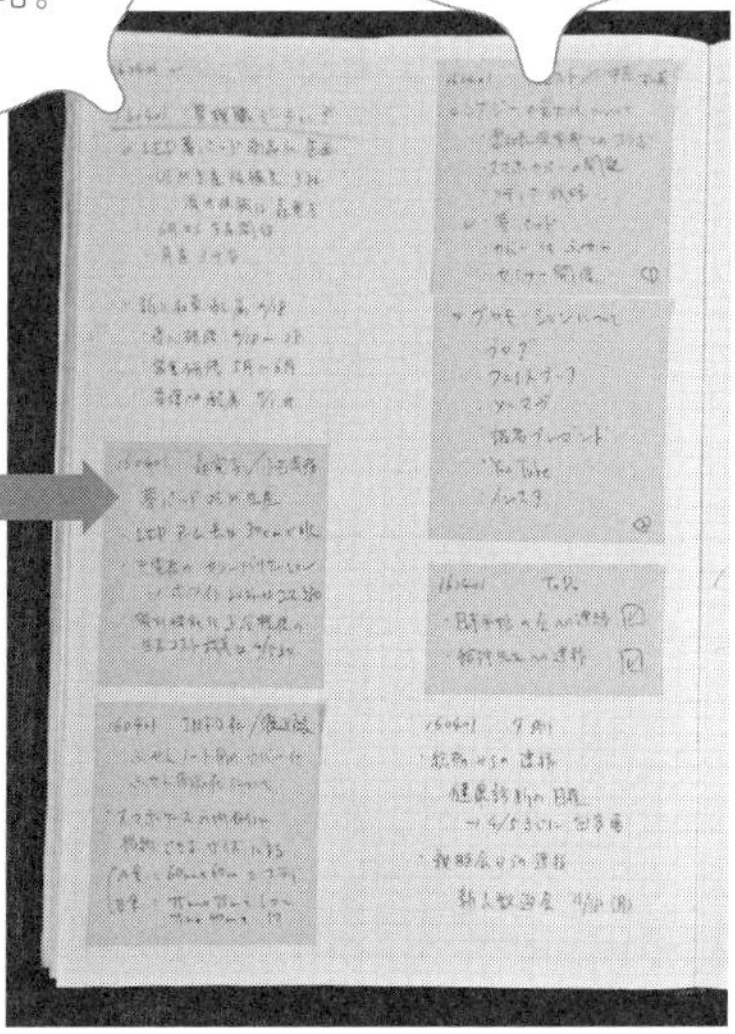

A4ノートへのメモとふせんへのメモとは、もともと別々のメモ。しかし、ふせんをノート紙面に貼り付けることで、時系列順でシンクロされていく。

「失くなる紙切れ」と「ひらめきを逃すメモ帳」とは縁を切れ

発明家エジソンには、Genius is one percent inspiration, 99 percent perspiration. という名言があります。「天才とは1％のひらめきと99％の努力である」と翻訳されていますが、これは誤訳だとか。

「1％のとっても大切なひらめきがなければ、99％努力しても無駄になってしまう」と訳すのが正しいそうです（バンダイミュージアム館長金井正雄氏）。

エジソン研究所では、エジソンがひらめきをスケッチし、それをもとに助手がデザインし、5000人のエンジニアが製品化していました。

まさにエジソンの「ひらめき」がなければ、助手やエンジニア達の努力はすべて無駄になっていた、というわけです。

それくらい大切な宝物なのに、「ひらめき」を無駄にしている人が、あまりにも多すぎる。

あなたにも、メモしそこなったり、せっかくメモした紙切れを失くしてしまった経験があるのではないですか？

そうならないように、これからはメモ帳や紙切れとは縁を切る。

ひらめきを「メモという網」に捕獲できたとしても、その網を失くしてしまっては元も子もないからです。

その代わりに、必ず「ふせん」を使います。

そうすることで、脳裏に去来したすべてのひらめきや気付きを漏れなく「ふせんという粘着網」で捕まえられるからです。

「三上」という言葉をご存じでしょうか？

「三上」とは「馬上・枕上《ちんじょう》・厠上《しじょう》」のこと。中国北宋《ほくそう》時代の欧陽脩《おうようしゅう》は、もの思いを巡らせて文章を練るのに適した場所として、移動中の馬の上、寝床の中の寝入りばな、トイレで用を足している最中の3つを挙げました。

この3つの場所の最大の共通点は、いずれも「メモをとり

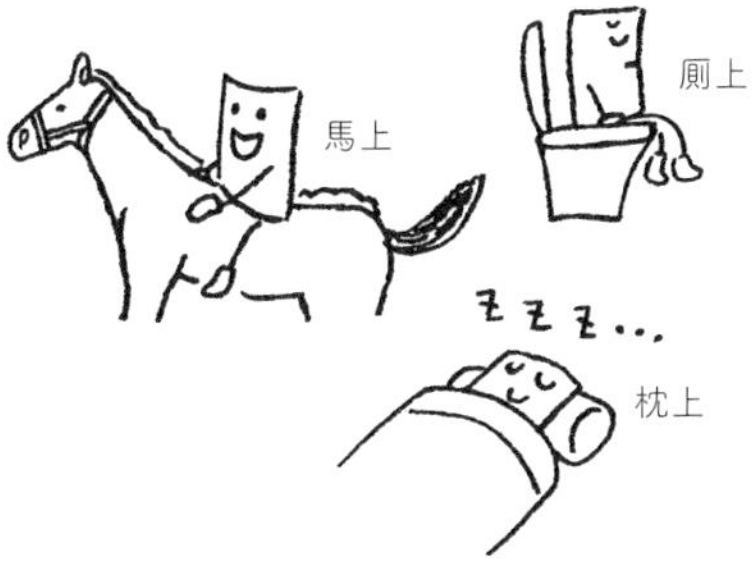

づらい環境」だということ。

この故事は、常に即メモできる「備え」の大切さを私達に教えてくれます。
例えば、外出時のあなたは「馬上」です。
「馬上」のあなたは、「ひらめき量産マシーン」です。
ひらめきを吐き出すことに関しては天下一品。
ただ、残念なことにそれを記憶する能力は低下している。
そこで、ひらめいたキーワードを「ふせん」に書き込む。
「記憶」ではなく「記録」するのです。後は、Ａ４ノートに貼るだけ。
外出先での「思考」の続きは、Ａ４ノート上で楽しめます。

ひらめきは脳裏の流れ星
～意識と無意識のコラボ～

そもそもなぜそんな厄介なタイミングでひらめきや気付きが生まれるのか？

キーワードは「無意識」です。無意識とは潜在意識のことで、文字どおり「潜んで在る意識」ですから、そのプロセスがどうなっているかは見えません。

しかし、無意識はあなたが想像する以上に重要な役割を担っています。

私達は、脳の機能の数%しか活用していないと言われますが、その数%とは意識（顕在意識）のことです。残りの9割強が「無意識の領域」。

つまり、あなたの脳力は、あなたが認識している脳力の10倍だということ。


ところで、人間の脳の仕組みはパソコンによく似ています。パソコンは脳の仕組みを真似ているので当たり前ですね。

そこで、パソコンを引き合いに出しながら、無意識と意識について考えてみましょう。


パソコンを操作すると、インターネットのウェブサイトが表示されたり、エクセルなどの演算結果が現れたりします。

操作した後に結果が表示されるまでのあいだ、背後で色々なプログラムが動いていて、無数のプロセスが進行します。

背後の動きはモニター画面には現れませんが、とても大切です。

私達が画面で目にする「アウトプット」は、そうした背後のプロセスの「結果」です。

さらに、ウィンドウズのような基本ソフトは自動的に動いて、パソコンの機能を維持しています。

人間の脳の仕組みも同じで「頭で考えること＝パソコンの操作」です。「意識して考えること」は、「マウスやキーボードでパソコンを操作すること」にあたるのです。

考えた結果として「ひらめいた答え」は、「パソコン画面に現れたアウトプット結果」と同じで、「意識」の領域になります。

そして人間の脳の場合でも、インプットとアウトプットのあいだにある「プロセス」が大切です。

「意識して考えた」後、私達の脳は自動的にフル稼働を始めます。

考えたことへの「答え」を出すために、外から飛び込んでくるあらゆる情報と、脳に蓄積されている過去の経験を元に、シミュレーションや創作活動がひとりでに進んでいきます。

パソコンのプログラムと同じように、これらのプロセスも目には見えないし、意識もできません。自分では気が付かないうちに進んでいきます。

このような脳の働きを「無意識」とか「潜在意識」と呼んでいるのです。

そして、脳のパワーの9割を「無意識」が独占しているのですから、そのパワーを活かさない手はありません。

この無意識のパワーを意識的に活用するメソッドこそが「引き寄せ」です。

古今東西の成功者はこのメソッドを活かして名を成しましたが、特別な能力を持っていたわけでもなければ、神秘的な力を借りたのでもなく、単に無意識を上手に活用したにすぎません。

ちなみに、心臓や肺を動かす自律機能も「無意識」がコントロールしています。「無意識」の働きなくして私達は生きてはいけません。

さて、思考が無意識にバトンタッチされて「プロセス」が進み始めてから、ひらめきが生まれるまでにはタイムラグがあります。

だからこそ、散歩している時、トイレに行った時、お風呂に入っている時、寝ている時などに、前触れもなく突如として「答え」がはじき出されます。

裏を返すと、「考えるというインプット」を行わない限り、いくら散歩しても風呂に入っても「ひらめきというアウトプット」は出てこないということ。

突如ひらめきが浮かぶ背景には、そんなカラクリがありました。

「無」からいきなりひらめきが生まれてきたわけではなかったのです。

そうしたひらめきは、私達の「意識」と「無意識」とをフル稼働してたどり着いた最高の解答です。そのくせ、その場で即メモしないと、跡形もなく消えて失くなってしまいます。

持てる能力と経験とを結集して作り上げた最高傑作が雲散霧消《うんさんむしょう》してしまう。

「脳裏の流れ星」というわけです。一瞬で消える頭の中の流れ星を逃さないよ

ひらめきが生まれる仕組み

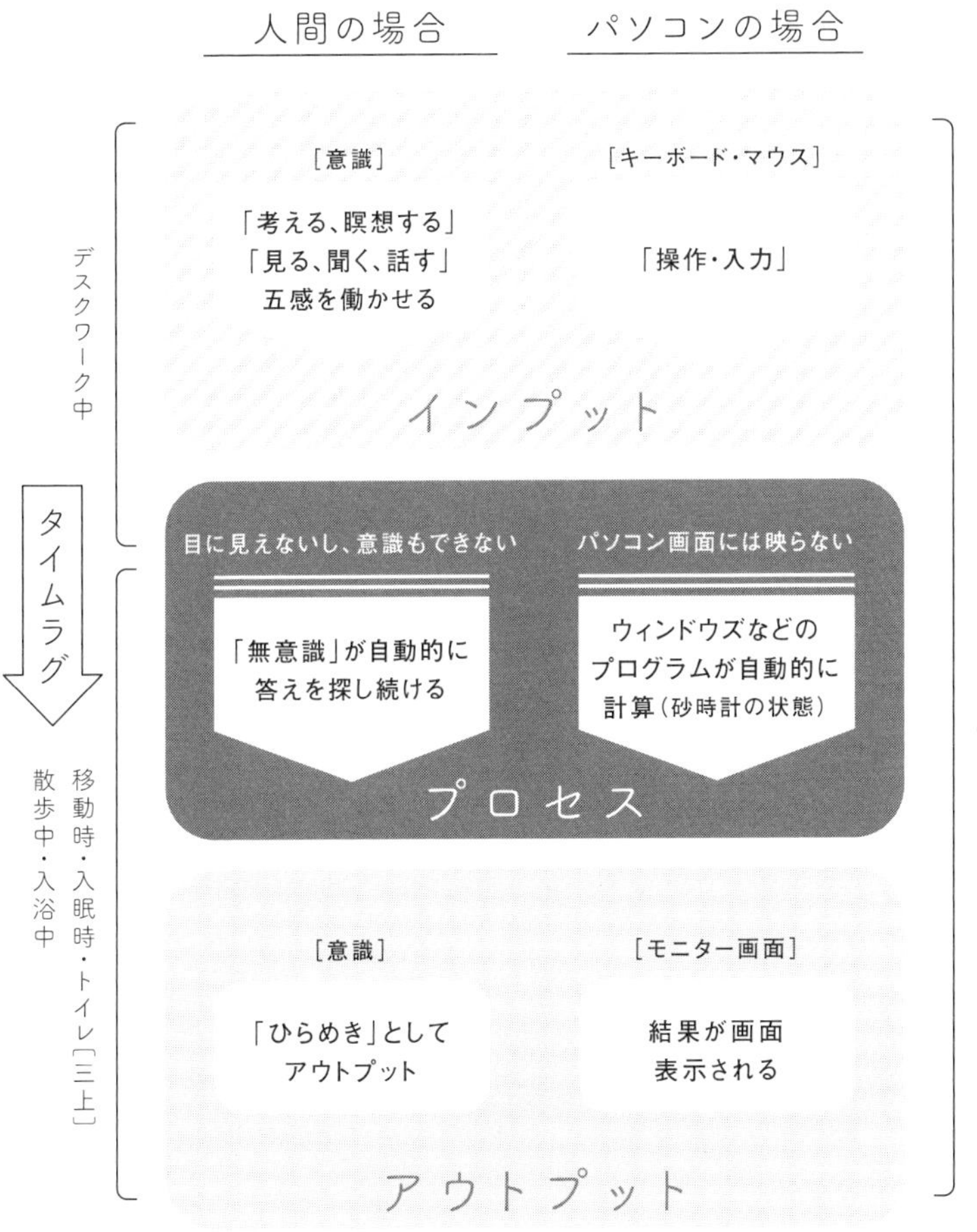

う、古今東西の賢者は枕元やトイレなどに「メモとペン」を常備していました。

脳の中の他人があなたの人生を支配する

「無意識」は「意識」のようには意識できないので分かりにくいのですが、大切な局面では突如あなたの脳裏に介入してきます。

例えば何かにチャレンジしようとする時には、必ずと言っていいほど脳裏で「声なき声」がつぶやき始めます。


「でも、失敗したらどうする？」

「でも、皆に笑われたらどうする？」

「でも、お金がないけどどうする？」

「でも、時間がないけどどうする？」

「でも、自信がないよね？」

「でも、面倒くさくない？」

また、自分がしようとしていることが悪いことだと気付いて、思いとどまろうとした時にも、「声なき声」でこうささやきます。

「でも、たいしたことないよ」
「でも、ばれないから大丈夫だよ」
「でも、他に方法がないから仕方ないよ」
「でも、そうしないと自分が困るよ」
「でも、皆そうしてるよ」

彼はいつも「でも」とつぶやくので、私は彼を「でも君」と呼んでいます。人によっては「悪魔のささやき」とか「できごころ」とも言います。

そして、私の脳裏には「でも君」とはまったく正反対の「頼れる助っ人」も住んでいます。彼は散歩中やトイレの中、あるいは寝ている時に流れ星のように現れて、「ひらめいて」一瞬でいなくなります。

そんな彼を私は「ひらめき君」と呼んでいます。

まだ確証は持てないのですが、「でも君」や「ひらめき君」の他にも「ときめき君」とか「ずぼら君」など、色々なヒトが私の中にいるようです。

直感が働く時や胸騒ぎがする時は、決まって「彼ら」の誰かが騒いでいる時です。

彼らが発する「声なき声」に耳を傾けるメソッドを瞑想と呼びます。

凄いアイデアや世紀の大発明も、「彼ら」のつぶやきがヒントになって生まれてきました。神がかった老婆は、「彼ら」のつぶやきを「お告げ」と呼んでいます。

そして、学者の先生達は、「彼ら」のことを専門用語で「無意識（潜在意識）」とか「暗黙知」と呼ぶようになりました。

分かりやすく言い換えると「心」です。

スポーツや芸術の世界では、言葉では言い表せないコツやニュアンスがたくさんあります。

武士道とか茶道のように「道」の字がつくもの、あるいは伝承の技とか匠の技も、実際に体験したり修行を積まないと会得できない英知の宝庫です。

言葉で表現できないこれらの知識のことを「暗黙知」と呼びます。

そして、私達が経験したり気付いたりすることの大半が、実は暗黙知なのです。言葉にできないので、言葉を前提とした「意識」の手には負えません。

そこで「無意識」がこれらを一手に引き受けている、というわけです。


ところで、「無意識」や「心」って自分の中にあるのだから、すべて自分でしょ？ってあなたは思うでしょう。

単に自分の中で複数の考え方が渦巻いているだけであって、それをひとまとめにして自分なのだと。


しかし、彼らが「あなた」の一部だとしたら、あなたは自分である彼らをコントロールできるはずです。

果たして、あなたは彼らをコントロールしていましたか？

お気付きのとおり、「でも君」が声なき声でつぶやいたことを、あなたはこれまで真に受けて何十年も生きてきました。

「でも……」と言われて思いとどまりました。

「でも……」と言われて、悪いこともしてしまいました。

「でも君」は「あなた」ではないので、あなたが「でも君」をコントロールすることはできませんでした。

それどころか逆にコントロールされてしまうことの方が多かったはず。だから、あなたが取りうる手段は1つだけ。「でも君」のつぶやきを無視すること。

これとは対照的に、「ひらめき君」が見せてくれる「ひらめき」は頼りになります。「でも君」のつぶやきは無視して構いませんが、「ひらめき君」の「ひらめき」を無視してはいけません。なぜなら、一瞬で消える「ひらめき君」をスケッチするだけで、人生がプラスの方向へ回って悩みも解消し、夢が実現して人生の自由を得られるのですから。

意識と無意識

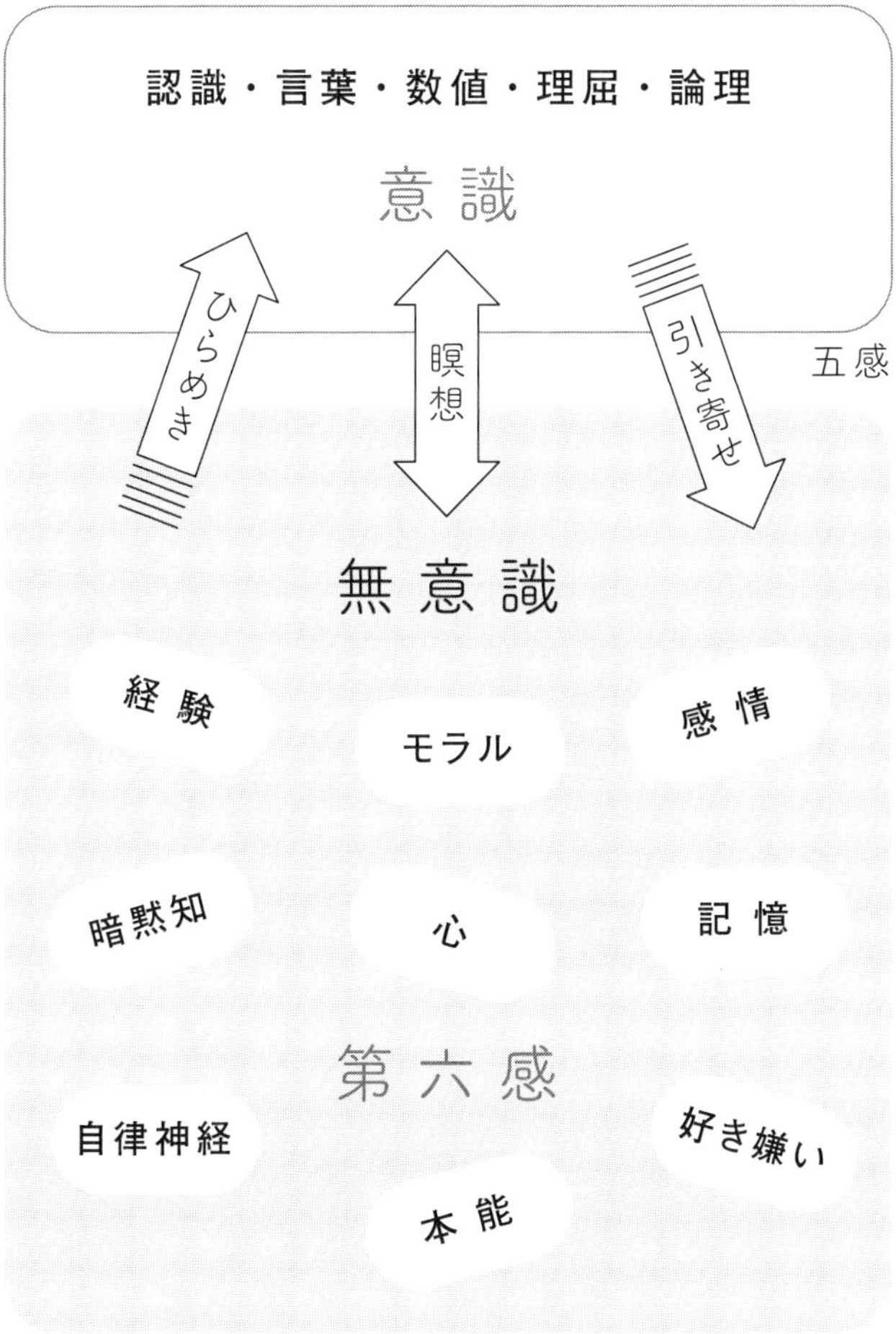
認識・言葉・数値・理屈・論理
意識
ひらめき
瞑想
引き寄せ
五感
無意識
経験
モラル
感情
暗黙知
心
記憶
第六感
自律神経
好き嫌い
本能

あなたは今まで、「でも君」の言いなりになってきましたか？

それとも「ひらめき君」をスケッチして、うまく利用してきましたか？

「でも君」の言いなりになる人は、自分の思いどおりの道を歩めないので、一生涯「不自由な人生」を送ります。

これに対して、「ひらめき君」をスケッチした人は、彼の力を利用して、「自由な人生」を歩みます。そして、「ふせん」こそが、「ひらめき君」という脳裏の流れ星をスケッチするための秘密兵器なのです。

つまり、「ふせんノート術」は、「無意識や暗黙知や心が持つパワー」を、無駄なく効果的に使い倒すメソッドだった、というわけです。

ひらめき君をスケッチして お金に両替しよう！

見上げた空には毎日、無数の流れ星が飛びかっています。

目に見えるほど明るい光を発していないので、普段は気付きません。特に昼間の明るい時には絶対に見えません。

同じように、私達の脳裏には毎日ひらめきが飛び交っています。気付かないことがほとんどですし、気付いてもメモをしないので、忘れてしまいます。

でももし、ひらめき1つに「金塊100kg」の価値があったとしたら、どう思いますか？

意外かもしれませんが、「ひらめき君」のスケッチには高値がつきます。

そのスケッチは1枚だけで大きな金塊に化ける場合もあるし、砂金のようなカケラの場合もあります。

それくらい価値があるのに「ひらめき君」は痕跡を残してくれないので、彼がひらめいた瞬間に「ふせんにスケッチ」しなければ活かせません。

また、複数の「ひらめきのスケッチ」を組み合わせることで、「宝物の埋蔵場所」が浮かび上がることもしばしばです。スケッチ同士を組み合わせると、その多くを「お金に両替」できてしまうのです。

私達がお金の自由や時間の自由を手に入れたのは、「ひらめき」を漏らさずにスケッチして、活かせたからです。

プライベートカンパニーを作るアイデアは「ひらめき君」がつぶやいてくれました。

妻を社長にするアイデアも「ひらめき君」が見せてくれました。

「お金の秘密」を教えてくれたのも「ひらめき君」。

本を出版する時にも「ひらめき君」の力を借りました。

つまり、「ひらめき君」の力を借り続けたからこそ、私達家族の今があるのです。

もし、「でも君」の言うことにばかりに耳を傾けていたとしたら、今頃まだ借金返済に奔走していたと思います。

ふせんノート術はウィンドウズと同じ働きをする

ところで先ほど、脳とパソコンとは似ている、とお話ししました。

そして実は、ふせんノートも、脳やパソコンと同じ仕組みで出来ています。

パソコンは、高性能なＩＣチップと、ウィンドウズのような基本ソフト、そしてアプリケーション（アプリ）という目的別ソフトから成り立っています。

これと同じように、人間の脳は「脳神経」という高性能なＩＣチップと、万能の基本ソフトである「無意識」、そして、アプリにあたる「意識」から成り立っています。

あなたが自分だと思っているのは、「意識」という「アプリ」です。

「でも君」や「ひらめき君」は、基本ソフトの「無意識」です。

このように、脳もパソコンも似たような3層構造になっています。

「天・地・人」「陸・海・空」「赤・青・黄」「松・竹・梅」「ヒト・モノ・カネ」etc、森羅万象は3層構造が基本です。

ふせんノートは、まさに脳やパソコンの仕組みと同じように3層構造になっています。

ふせんやノートが、「神経細胞」や「ICチップ」にあたります。

ふせんノート術が「無意識」や「ウィンドウズ」と同じ働きをしています。

そして、「意識」や「アプリ」にあたるのが、今までのノート術や手帳術の具体的なノウハウだった、というわけです。

こうして分解して考えると、今までのノート術や手帳術が思いどおりに使えなかった本当の理由が見えてきます。

今までのノート術は主役がノートでしたが、ノート単体だけでは高性能なIC

ふせんノートはパソコン&スマホと同じ働きをする

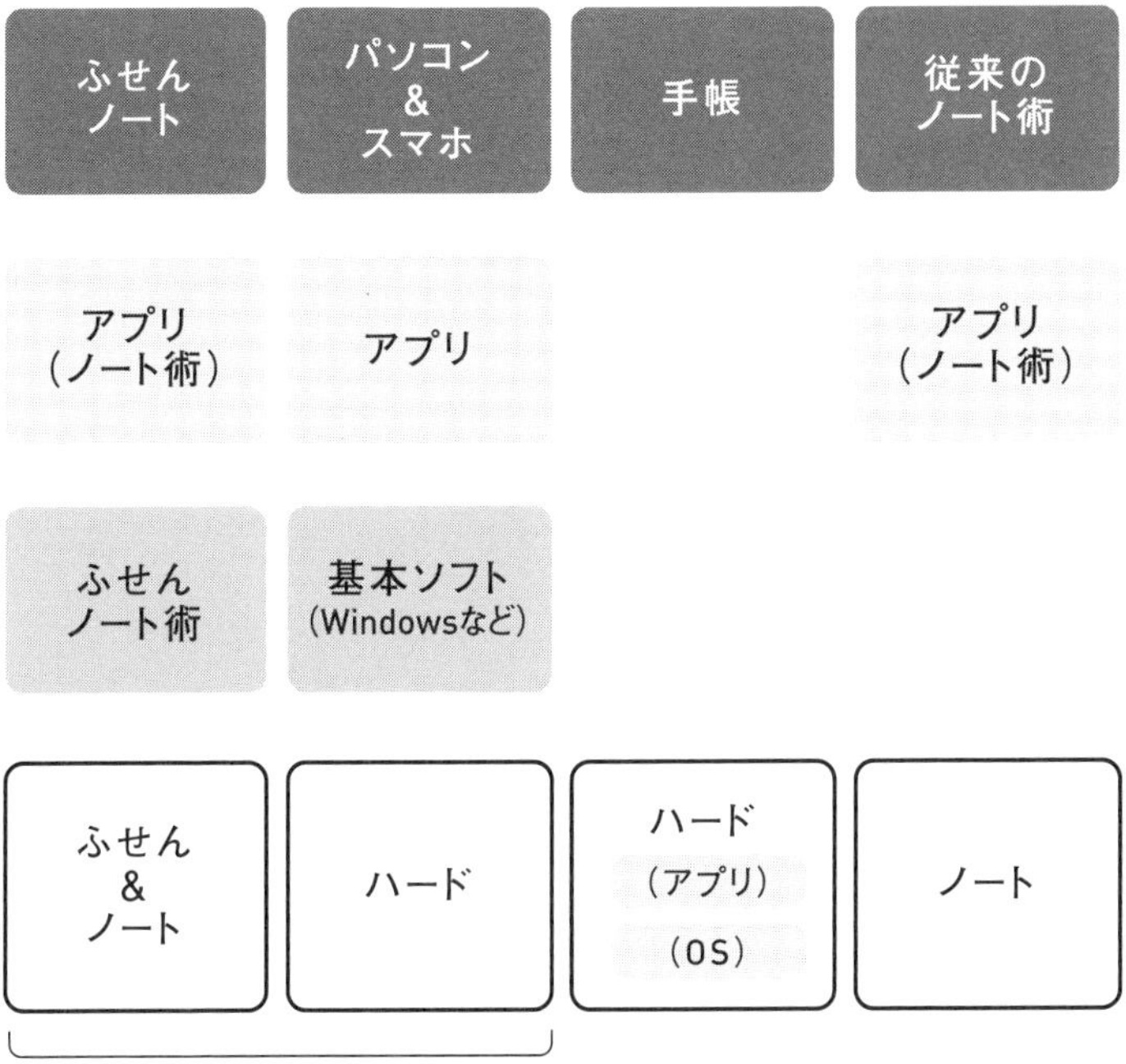
ふせんノート
パソコン&スマホ
手帳
従来のノート術
アプリ(ノート術)
アプリ
アプリ(ノート術)
ふせんノート術
基本ソフト(Windowsなど)
ふせん&ノート
ハード
ハード
(アプリ)
(OS)
ノート

ハードと基本ソフトとアプリとの役割分担が明確化していて、自由度が高い。

ハード(手帳)に基本ソフトとアプリの役割が組み込まれている。

基本ソフトがない従来のノート術はアプリ。

チップには成りえません。

もちろん、優れたノート術はたくさんありましたが、いずれも目的別ソフトの「アプリ」でした。

つまり、性能の低いパソコンに、ウィンドウズを入れない状態で、アプリだけを入れていた、という不完全な状態だったわけです。


手帳に至っては、最初からフォーマットが一律に決まっているので、自由にカスタマイズすることが困難でした。

例えるなら、パソコンというよりも、ワープロ専用機のようなもの。

だから、手錠のように使いにくかったのです。


この点、ふせんノートはキレイな3層構造です。

ふせんノートが使いやすい背景には、あなたの脳と同じ構造になっていて馴染みやすい、というカラクリが隠れていたのでした。


そして、ふせんノート術は基本ソフトなので、アプリである従来のノート術や手帳術と組み合わせることで相乗効果が生まれます。

また、あらゆるノートや手帳にこの仕組みを応用することもできます。

例えば、大きな手帳やノートを使っている方であれば、これからはふせんを持ち歩いて組み合わせることで相乗効果を狙えます。

小さな手帳を持ち歩いている方であれば、ふせんを手帳の中にまとめ貼りし、職場や自宅に大きなノートを用意します。

こうしてふせんノート術は、あなたの手帳やノートの基本ソフトとして大切な役割を果たすようになるのです。

メモは必ずゼロアクションで

メモにとって一番大切な役目は、誰でも簡単に（1）**一瞬でメモできて、**（2）**そのメモを後で一発で探し出せて、**（3）**有効活用できること**だ、とお話ししました。

その上で、「一瞬でメモ」できるようにするために、「携帯性」は欠かせないということが分かりました。

また、情報が散り散りになったり、情報漏洩が起きたりしないようにするための唯一の方法が「ふせんだけを携帯すること」でした。

ところで、「即メモ」できるようにするために、「携帯性」と同じくらい大切なことがあります。

それは「迅速性」、つまりゼロアクションでメモできるということ。

人は誰でも面倒くさいことが嫌いです。

ちょっとでも手間がかかることは、やりたくありません。

勉強だろうが運動だろうが健康的な食事だろうが、どんなに大切なことであっても手間がかかることは避けたいのです。

同じように、どんなに大切でも面倒くさければメモをとりません。

メモする時に余計な動作が1つあるだけでも、私達はメモをとらなくなるのです。

従って、ポケット手帳のような冊子型の綴じられた手帳にも限界があります。なぜなら、メモするために手帳を探してページをめくって白紙のページを開く、という「面倒くさいこと」が立ちはだかるから。

大切なことでも一瞬で忘れるという例をいくつかご紹介しましたが、中でも「とっさのひらめき」は、大切なのに一番消えやすく、逃げ足が速い「気まぐれ者」です。

そんな「気まぐれ者」を相手に格闘しなければならないのですから、その情報を捕まえる「網」としてのメモも、ゼロアクションで扱えなければ役に立ちません。

つまり、探すまでもなく**常に手許にあって、ページを開かずに即メモできなければ「使えない」**のです。

ふとしたひらめきを絶対に逃さない！「どこでもジョッタ」

ページを開かずに即メモできるメモの代表選手が「ジョッタ」です。

「ジョッタ」とは、メモ面が露出した状態の古典的なメモツールです。

事実上「ノーアクション」で「即メモ」できる構造になっているメモ帳界のＦ１チャンピオンです。

ノートや手帳は複数の紙を綴じた構造ですので、ページを探して開くというワンアクションがつきまといます。もたもたすると数秒かかります。

たかがワンアクション、されどワンアクション。

このワンアクションの差は意外と効いてきます。

とっさの時には、机やテーブルに偶然放置してある「紙切れ」に走り書きをしてしまう。誰にでもある経験です。

そんな時は、わざわざメモ帳やノートを探して開いたりはしません。ましてやスマホやパソコンなんて絶対に使いません。

即メモできる状態で露出している紙がいかに重宝するかという典型的な例です。紙面が露出している「ジョッタ」は、まさに、机の上に無造作に置かれている「紙切れ」と同じ機能を発揮します。

そして、「ジョッタ」と同じ威力を持ったメモツールがもう1つあります。

それが「ふせん」です。メモ面が露出しているふせんもジョッタと同じ威力を発揮します。

どこでも構いません。ひらめきが浮かぶ可能性があるすべての場所で、邪魔にならない所に大きなふせんを数十枚重なった状態で貼っておく。

それだけで、その場所が即席ジョッタに変身します。

そこで私は、ふせんを机の上にまとめ貼りしています。

そうすると机そのものが即席ジョッタになる。

机にしっかり固定されますので、書く時もズレません。

片手で受話器を持って、片手で書いても大丈夫。

どこにでも貼れるふせんは、「どこでもジョッタ」製造機というわけです。

私は、そんなふせんの特質を活かしてＡ４ノートのカバーにもふせんを数十枚貼り付けています。

とっさにページを開く余裕がない時は、迷わずこのふせんに走り書きする。Ａ４ノートが最強の即メモツール「ジョッタ」に早変わりするというわけです。

その他、冷蔵庫、電子レンジ、パソコン、鞄、スマホの裏側、カードの裏側等々、あらゆるものが「即席ジョッタ」になるので、お好みで色々試してみてください。

ちなみに、常備する場所に応じて、ふせんの色をあらかじめ決めておくと重宝します。

例えば私の場合には、スマホカバーの内側には黄色いふせんをまとめ貼りしています。

机の上はピンク、寝室には緑色、トイレには水色というように色分けをする。

そうすることで、後でメモを見返した時に、どこでメモしたのかを思い出せるからです。

メモした場所を思い出すと、その時の場面や経緯なども思い出せるので、思考の整理に大いに役立つというわけです。

机の上にまとめ貼りしたふせん

持ち歩くのはふせんだけ！ノートはお留守番でいい

いつでもどこでも即メモできるように、ふせんは常に身近にないと困ります。

おすすめは、スマホと一体化する方法でした。

今や携帯電話を使っている人の大半はスマホを使っています。

そこで、ふせんをスマホのコバンザメにしてしまえ、というわけ。

スマホには色々なタイプのカバーがありますが、トレンドは手帳型のカバーですので、カバーの裏側にふせんをまとめ貼りすることをおすすめします。

私は、知人にお願いして、ペンホルダー付のスマホカバーを作ってもらいました。

ふせんが落ちにくいようにクリアファイルを切り抜いて台紙を作り、その上にふせんをまとめ張りして、スマホカバーに差し込む方式です。

台紙があるとメモ済みのふせんを裏に貼って一時的にストックできます。

最近はgoogleカレンダーでスケジュール管理をする人が増えていますが、私もプライベートのスケジュールをgoogleカレンダーで管理しています。プライベートのアドレス管理もスマホです。つまり、手帳の機能のうち、スケジュール帳とアドレス帳はスマホに移行しているわけです。

一方で、**スマホでは即メモできないので、メモ帳やTODOシートの役目を**

「ふせん」に担ってもらう、という棲《す》み分けです。このように、ふせんをスマホと一体化すると、従来型の手帳に必要な機能の大半をカバーすることができるようになり、とても重宝します。

私はこうしてふせんをスマホと一緒に持ち運び、暇さえあれば即メモしています。そして、自席に戻ったらそのメモをA4ノートに貼り付けています。

ちなみに、1つ1つのメモの冒頭には、日付を入れておくと便利です。例えば、2016年5月9日であれば160509です。日付の横には、件名や取引先名などを記します。

第 4 章

ふせんノートで情報を一括管理・一発検索

分類すると大切なメモが迷子になる

メモにとって一番大切な役目は、**誰でも簡単に（1）一瞬でメモできて、（2）そのメモを後で一発で探し出せて、（3）自由自在に有効活用できること。**

この3つさえ果たすことができれば、あらゆる問題が解決できるようになる、とお話ししました。

そして第3章では、即メモするためには、携帯性や迅速性が大切だとお話ししました。

その一方で、大切な情報を即メモできたとしても、書いたメモがどこにあるのか分からなくなっては元も子もありません。

そこで、2つ目の大切な役目である「メモしたことを、後から一発で探し出せること」が大切になってきます。

「どこかにメモを書いたはずなのに、どこに書いたか思い出すことができない」「確か手帳に書いたはずなのに、いくら探しても記述が見つからない」「引き出しにしまったはずの書類が見つからない」ｅｔｃ、あなたにも思い当たるフシがあるのではないですか？

こうした問題をなくすために、誰もが心がけていることがあります。
それは「**分類**」です。

意外かもしれませんが、この分類こそが単純なことを複雑化して分かりにくくする諸悪の根源です。
なぜなら、メモする内容には色々な要素や側面があって、**分類作業そのものが厄介**だから。

単純な例をあげると、コウモリを分類する際に、翼を使って空を飛ぶという機能に着目すると「鳥」の仲間として分類することができます。
でもコウモリは生物学上は鳥類ではなく哺乳類ですから、学問に忠実であれば私達と同じ哺乳類という分類になります。

分類する時も悩ましいのですが、時間が経つと、どこに分類したのかさえ、分からなくなります。

しかも分類する項目は際限なく増え続けるので、いつの間にかどのような分類基準があるのかも分からなくなってしまう。

分類項目さえ見つからなくなります。

そもそも、メモする段階から分類を考えてメモしようとすると面倒くさくなり、メモすること自体を諦めます。

このように考えると「**メモをする段階では一切分類しない**」ことこそが正解だと分かります。

人間は忘れる動物

メモした紙が見つからなかったり、メモした場所が分からなくなる原因には、大きく分けて2つのケースがあります。

1つ目は、手帳やノートや書類入れが複数存在しているため、どこを探せば良いのか分からなくなるケース。

2つ目は、情報量が多すぎて、お目当てのメモが情報の山の中に埋もれてしまっているケースです。


まず1つ目の「どこを探せば良いのか分からなくなる」のは、「忘れる動物」である人間の宿命です。

書いた時、しまった時には、どこに書いたか、どこにしまったかを鮮明に覚えています。

その時は「こんなに鮮明に覚えているのだから、忘れるはずがない」と思います。でも、悲しいかな、1日もすれば半分以上を忘れ、1週間後には大半のことを忘れてしまう。私なんか、都合の悪いことはすべて忘れてしまいます。

ドイツの心理学者ヘルマン・エビングハウスによると、人は24時間以内に74%の内容を忘れてしまうとか（忘却曲線）。

特に忙しい人ほど、その傾向が強いようで、どんどん忘れます。

記憶力には限界があるので、仕方ありません。


では、どうすれば良いのか？

答えはシンプルで、「必ず忘れる」という前提で、探しものをせずに済む「仕組み」を作れば良いのです。

ポケットを1つにすれば、すべて忘れても大丈夫

一番簡単な仕組みは、すべての情報を1ヶ所にまとめるという方法。

なぜなら、すべてを1ヶ所にまとめておけば、「探している情報」は意外とすぐに見つかるから。

万が一すぐに見つけだせなくても、必ずそこにあるのですから、自信を持って徹底的にそこを探すことが出来ます。

このように「大切なものをなくさないように1ヶ所にまとめる」という考え方

のことを「ワンポケット原則」と呼びます。

そして、書類や情報については、この「ワンポケット」を絶対に死守しなければいけません。

なぜならば、見た目で見分けられる「物」と違って、書類などの情報は外見からは見分けられないから。『箱』に入っているモノと同じです。

だからこそ、単に「この引き出しにある」というだけでは不十分なのです。探す対象が「中身が見えない書類」である以上、「引き出しのどこかにある」というだけでは捜索する範囲があまりにも広すぎます。

「探している情報」が「1冊の手帳やノートという狭い範囲」の中に「確実にあることが分かっている」ということ。これがポイントです。

メモが分散すると思考も散り散りになる

「ワンポケット」は、手帳やノートに限らず、書類やデータなどの情報にとって、「探しもの」を楽にするための必要最低限の考え方です。これが崩れると「探しもの」に費やす時間が激増します。

さらには探すことで、思考や作業が途切れてしまいます。ノリに乗っていた仕事が中断されてしまうと、失うのは中断された時間だけでは済みません。元のノリノリのペースに戻るまでの時間も余計にかかってしまうのです。

ハイラム・W・スミス（フランクリン・コヴィー社の元副会長）がこんなことを言っています。

「中断から回復するのに必要な時間は、その中断の時間よりも長い」

つまり、探しものをしている時間の2倍から3倍もの時間が無駄になってしまうというわけです。ストレスばかりがたまって効率は下がる一方ですね。

従って、複数の手帳やノートを使い分ける「器用なメモ術」は、かなり優秀な人でないと使いこなせない、ということが分かります。

誰にでも簡単に真似できるようにするためには、「ワンポケットを守れる仕組み」になっていることが最低限の条件になります。

ユーザーの才能や努力に左右されるような「手帳術」は、それこそ「手錠術」です。使いこなせる人は、1％の天才か秀才だけです。

この点、「ふせんノート術」は、すべての情報が「ふせんノート」に集約される「仕組み」になっています。

「仕組み」である以上、努力といった精神論や得手不得手とは関係なく、常に自動的に機能します。

危険からあなたを守ってくれる「ワンポケット」

ポケットが1つになることで避けられるのは、「探しものに費やす無駄な時間」だけではありません。ミスや事故も防ぐことが出来ます。

なぜなら、「ワンポケット」を守れば、「ドッペルゲンガーシンドローム」という名のお化けを防げるからです。

「ドッペルゲンガーシンドローム」は、野口悠紀雄氏が「超整理法」で紹介されて一躍有名になりました。

主にパソコンのファイルを加工する時に現れる「お化け」です。

元ファイルを複製した後で、元ファイルと複製ファイルのそれぞれに別々の加工を加えてしまい、不完全なファイルが出来上がってしまうというミスです。

複製が簡単に出来てしまう電子ファイルで起こりがちなミスですが、アナログの手帳やノートの場合でも、複数の手帳やノートを作ってポケットが複数になると発生しやすくなります。

例えば、携帯用の手帳とお留守番用のデスクノートとに分けて使っていると、同じテーマやプロジェクトについてのメモが、携帯用の手帳とデスクノートの両方にまたがって載ってしまいます。

そして、最新情報が携帯手帳に書いてあるにもかかわらず、デスクノートに書いてある古いメモを加工していく、というミスが起きます。

中途半端な情報を元に、鵺《ぬえ》のようなつぎはぎだらけの不気味な姿に変形してしまい、気付いた頃には収拾がつかなくなるのです。

ワンポケットの重要性をご理解いただいたところで、実際に「ふせんノート」に当てはめて見てみましょう。

「ふせんノート」では、あなたにとって必要な情報がすべてA4ノートに集まります。従って、ワンポケットを自動的に維持できる。

ノートとふせんはもともとは別物ですが、ふせんの「シンクロパワー」で「必ず1つ」になります。

一見すると二刀流に見えますが、実体は一刀流。

ふせんに何かメモした瞬間に、ふせんという飛行機には情報という名の乗客が搭乗したことになります。

情報という乗客を乗せた以上、A4ノート紙面という滑走路に戻る宿命を背負うわけです。

ポケットが2つに増えてもワンポケット

これまでも、多くのノート術や手帳術において「情報を1冊のノートや手帳にまとめること」の大切さが力説されてきました。

その大半は「ノートや手帳を複数にしてはいけません、小型のノートか手帳1冊にメモをまとめなさい」という内容でした。

しかし、ふせんノートが実現したワンポケットは、これとは似て非なるもの。なぜなら、「**似たものの情報を1ヶ所にまとめる**」ワンポケットだから。「1冊」にはこだわりません。

仕事用とプライベート用とに分けるのは一向に構いません。

サラリーマンにとっては、むしろその方が自然です。

会議中にノートを開いた時に、プライベートメモが目に飛び込んできてしまって、思考があらぬ方向に向かっては困ります。

従来のワンポケットの考え方

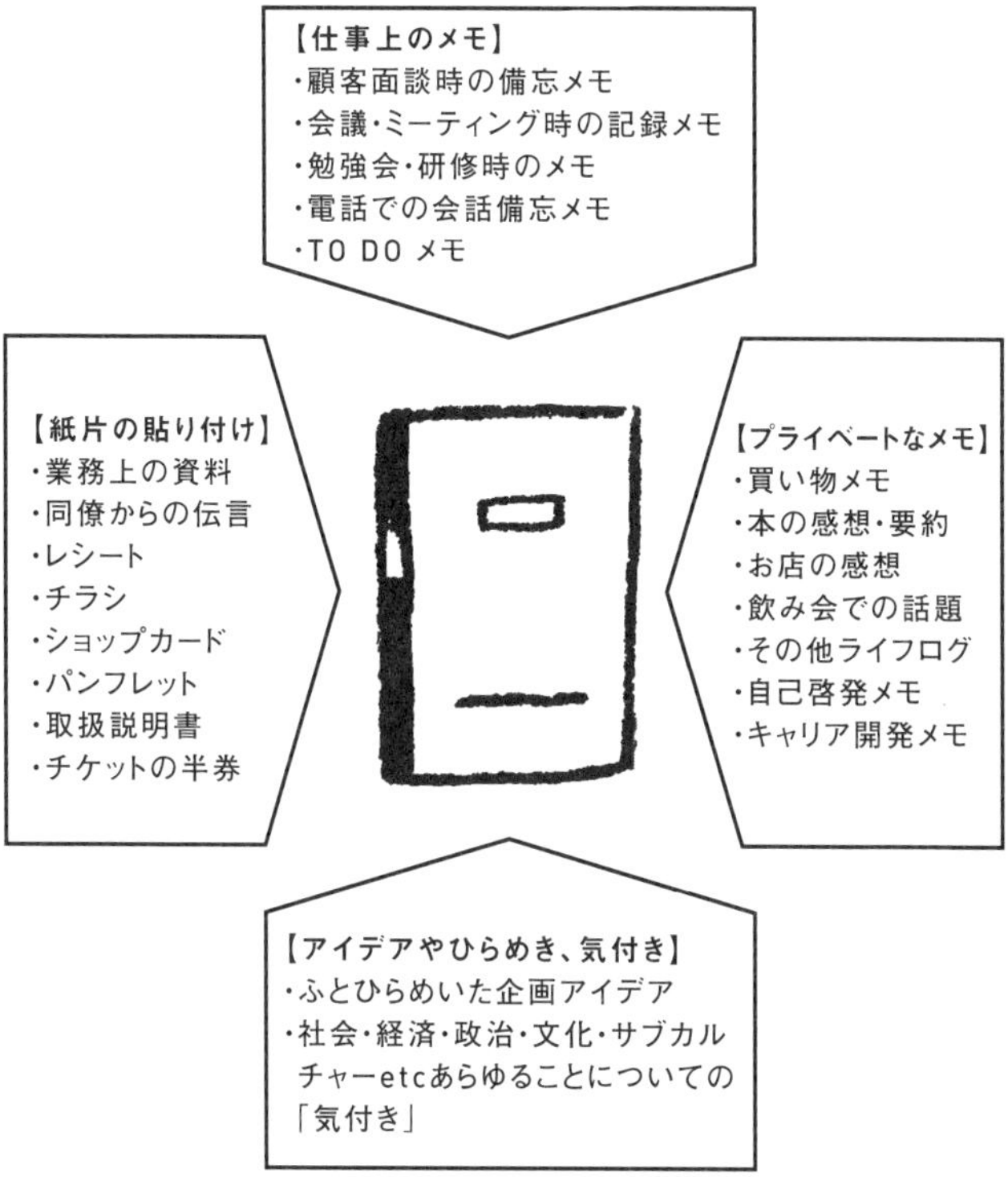
【仕事上のメモ】
・顧客面談時の備忘メモ
・会議・ミーティング時の記録メモ
・勉強会・研修時のメモ
・電話での会話備忘メモ
・TO DO メモ
【紙片の貼り付け】
・業務上の資料
・同僚からの伝言
・レシート
・チラシ
・ショップカード
・パンフレット
・取扱説明書
・チケットの半券
【プライベートなメモ】
・買い物メモ
・本の感想・要約
・お店の感想
・飲み会での話題
・その他ライフログ
・自己啓発メモ
・キャリア開発メモ
【アイデアやひらめき、気付き】
・ふとひらめいた企画アイデア
・社会・経済・政治・文化・サブカルチャーetcあらゆることについての「気付き」

いつ、どこで、メモをとるのか、それがどんな内容なのか、最初から分かっていれば誰も苦労はしません。

例えば、取引先訪問時のメモはお客様との商談内容である、とは限りません。あなたのライバル企業の情報かもしれません。会話に刺激されて別のひらめきだって生まれます。それこそ、あなたのキャリアアップや、家族に関する気付きが生まれて、とっさにメモするかもしれません。

綴じられた1冊の手帳とかノートだけにメモをとる場合、こうした関連性のない項目も雑多に入り交じります。

分類したり整理したりするためには、テーマごとのノートや手帳にわざわざ転記するしかありません。

ふせんノートでは、こんな悩みとも一切無縁になります。

なぜなら、ふせんにメモされた内容に応じて、一番フィットする場所に情報を貼り付けることができるから。

すべてのメモを、本来あるべき場所に仕分けすることができる。

仕分けされて着地した場所が、そのふせんメモの『本籍地』です。

会社の業務に関するメモであれば、会社に置いてある業務用ノートに貼り付けます。業務用ノートだって、プロジェクトごとに分けても構いません。

ただし、ノートの数を増やしすぎると、先ほどの「コウモリ問題」に悩まされるようになるので、くれぐれも注意しましょう。

その他、**プライベートに関するメモなら、自宅にある日記やノートに貼り付け**ます。

ＴＯＤＯを書いた「**タスクふせん**」なら、**そのタスクをする場所に貼り付け**ます。

つまり、すべての情報を『1冊』にまとめる必然性は失くなる、というわけ。

『似通った情報』を1ヶ所にまとめる！　それが、ベストアンサーです。

このように、ふせんの情報が「一番おさまりの良い場所」に振り分けられることで、どんな内容のメモでも安心して書くことができるようになる。

どこに書くかとか、どこに分類するかなどで悩むこともありません。

従来の手帳とふせんノート

【従来の手帳】

雑多な情報が混載する手帳

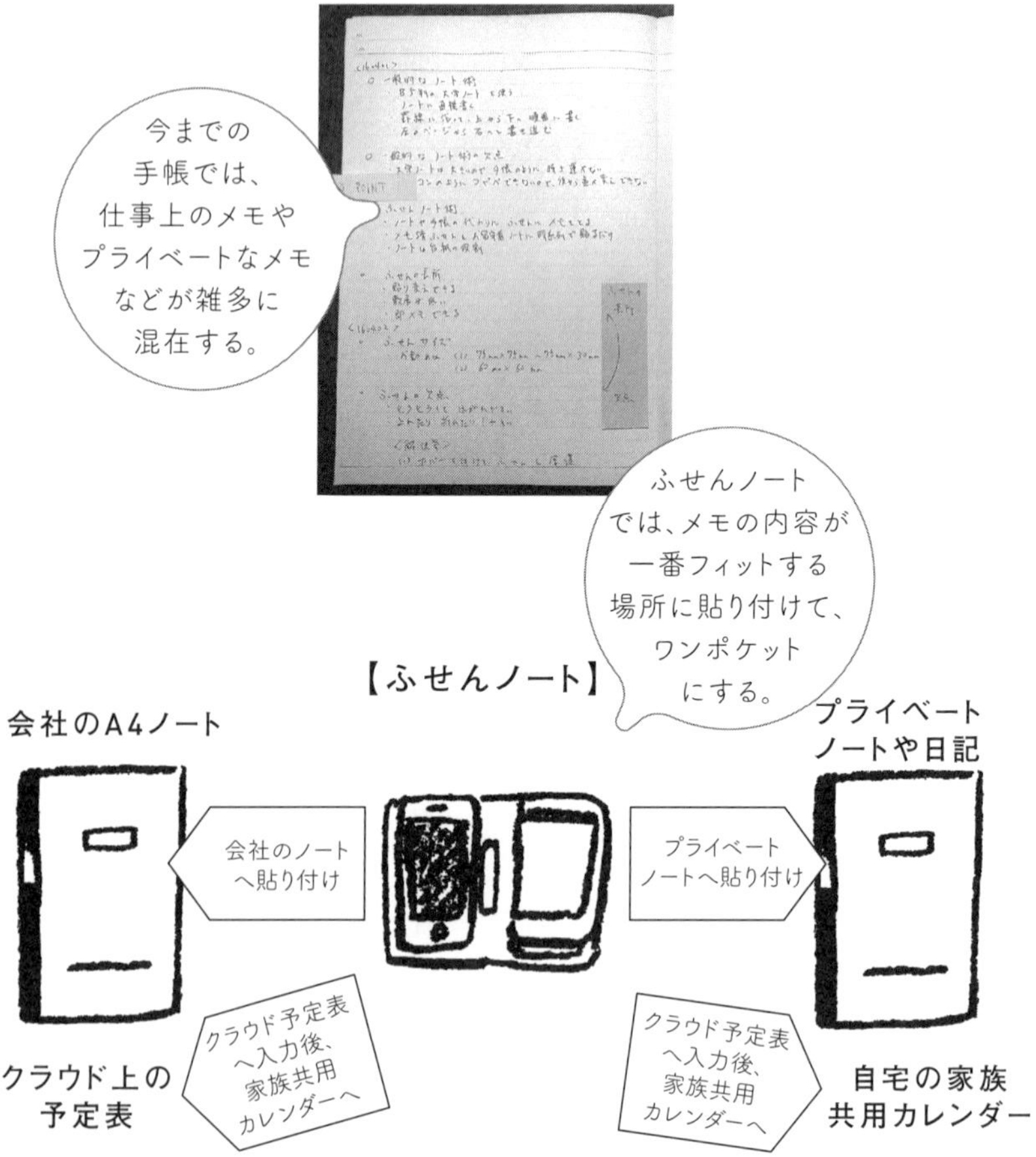
今までの手帳では、仕事上のメモやプライベートなメモなどが雑多に混在する。
ふせんノートでは、メモの内容が一番フィットする場所に貼り付けて、ワンポケットにする。
【ふせんノート】
会社のA4ノート
会社のノートへ貼り付け
プライベートノートや日記
プライベートノートへ貼り付け
クラウド上の予定表
クラウド予定表へ入力後、家族共用カレンダーへ
クラウド予定表へ入力後、家族共用カレンダーへ
自宅の家族共用カレンダー

どんな恥ずかしいひらめきや気付きであってもためらいなく即メモできる。なぜなら、それらは必ずプライベートノートに貼り付けられるから。捨てることもできます。

仕事とプライベートが混ざった1冊の手帳やノートには、私なら照れくさいことは書けません。会議中に隣の同僚からチラ見されては恥ずかしくてたまりません。

ふせんノートは、このように思考のブレーキとなるリミッターを外して、どんなひらめきであってもメモするチャンスを与えてくれます。

アナログ頭出し機能で、どんなメモも一発検索

ノートに貼った1つ1つのふせんメモのキーワードにはオレンジ色のダーマトグラフで線を引いてマーキングすると検索しやすくなります（アナログ頭出し機能）。ダーマトグラフは発色鮮やかな色鉛筆で、ペンとしてもマーカーとしても

使えるマルチ文具です。カラーペンで代用しても構いません。

こうしてマークするだけで「見出し（タグ）」が出来上がるので、お目当てのメモを一発で見分けることができます。新聞紙で記事を見つけるのと同じ感覚で、過去のメモを手繰《たぐ》り寄せられる。

手間暇のかからないアナログインデックスです。

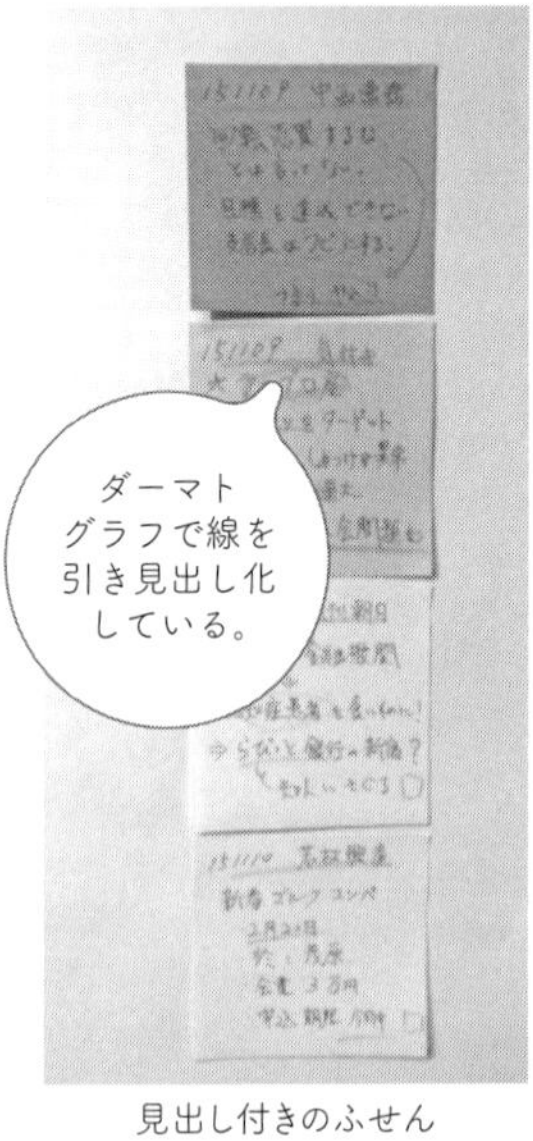
ダーマトグラフで線を引き見出し化している。

見出し付きのふせん

ところで、関連する仕掛かり案件のメモ同士は、時系列的に近い場所にあるケースが大半です。

これらを、色鉛筆で結んでリンクさせてください。

同じ見開きページに記載された関連したメモを結ぶことで、補足したり、参照したりしながら有機的に内容を深化させたり膨らませたりすることが可能になります。A３判の広い紙面に多くの情報メモが並んでいるからこそ、可能になる技です。

リンク線でつなげると、関連項目をひと目で一覧することができるので、1つ1つのメモ書きでは気付かなかったヒントが浮かび上がってきます。

気付いた内容を色鉛筆を使って上から重ね書きしていく。

すると、面白いように「隠れアイデア」が顔を出します。

キーワードを別の色でマークすると一層効果的です。

このように、メモを有機的に関連付けることにより、仕事をクリエイティブに進めることができるようになります。

知的生産活動を頭の中から紙面の上にまで広げて見える化しながら、より具体的にイメージを膨らませていくことができるのです。

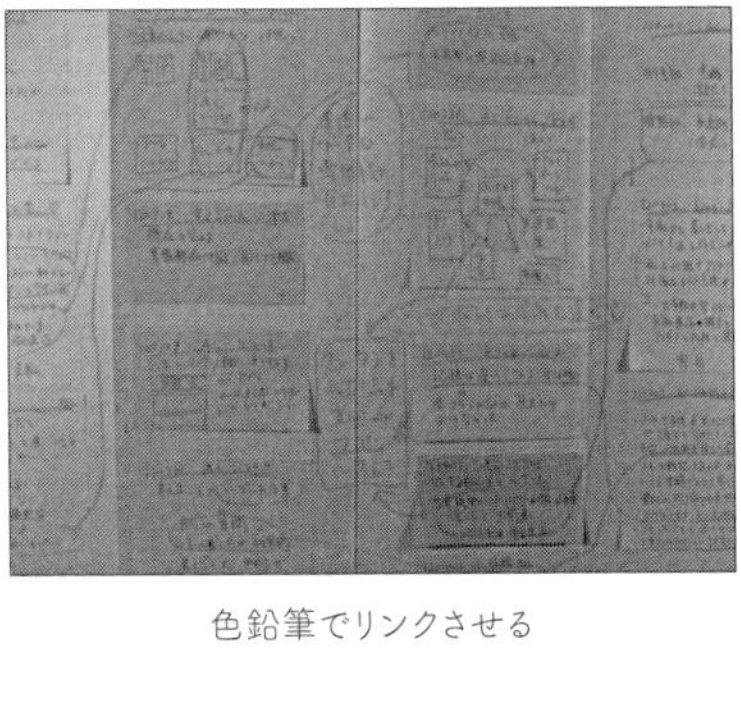

色鉛筆でリンクさせる

あたかも過去の自分と今の自分との間でブレインストーミング（ブレスト）をするような感覚です。

ブレストする相手は、今朝の自分や昨日の自分です。

同じレベルの相手と行うブレストほど効率の良いブレストはありません。

まさにひとりでできる、ハイレベルのブレストになります。小さな手帳のように各ページにメモが分散していては、こんな芸当はできません。

万能ふせんノートの作り方と使い方

ふせんノートはＡ４ノートとふせんだけでも威力を発揮するのですが、これに３つのオプションを加えると万能ふせんノートを作ることができます。

どこでも売っているお手頃価格の文具を組み合わせるだけで5分もあれば完成です。必要な文房具はスティックファスナー・クリアポケット・ノートカバーの３つ。

最初にスティックファスナーを取り付けます。スティックファスナーは、1本あたり20円程度で文具店や通販で手に入る綴じ具です。

A4ノート手帳の部品

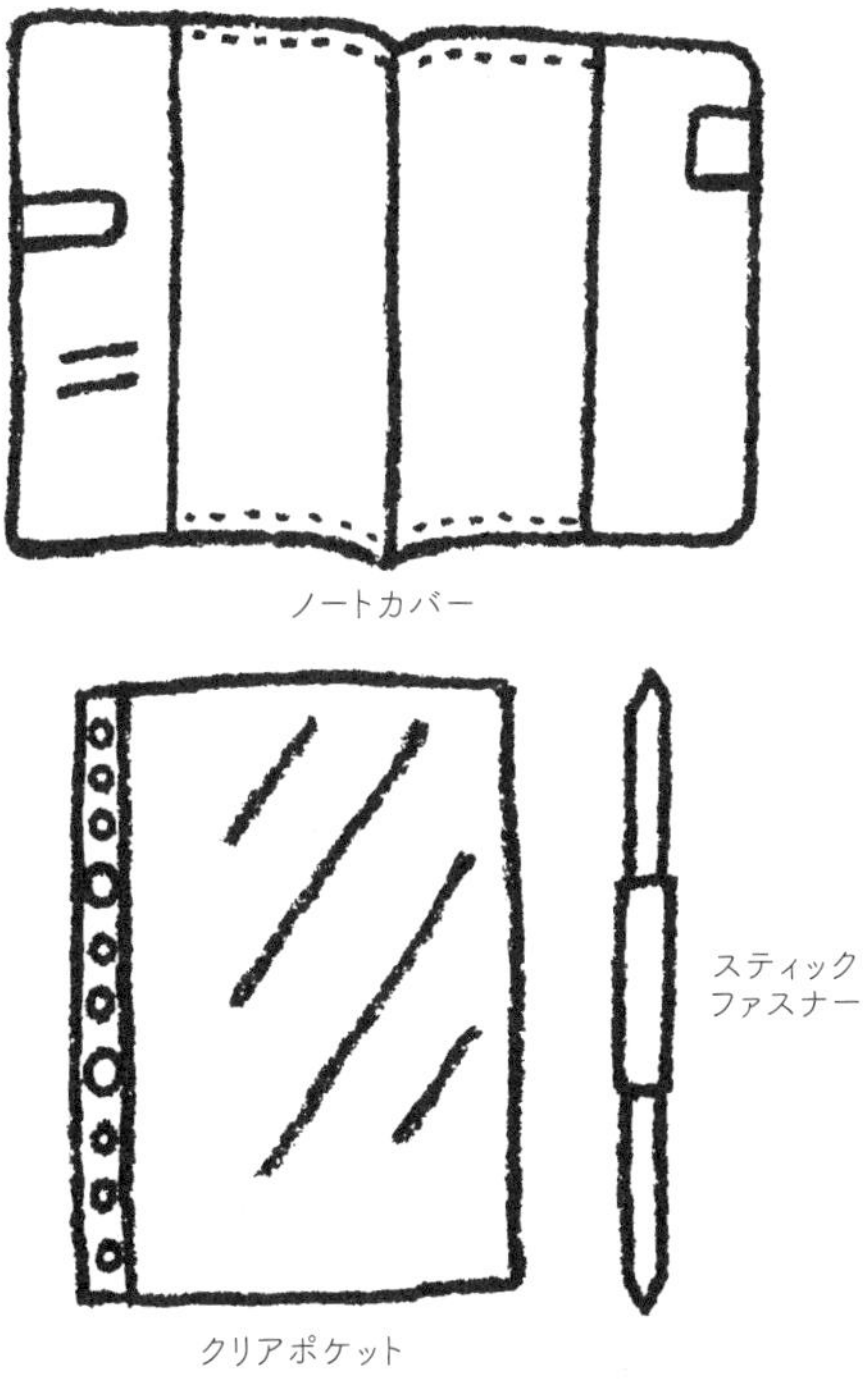

作り方は次のとおり簡単です。

1

パンチで2穴を空けた用紙をノート裏表紙の内側にあてがって、穴の部分を鉛筆でなぞってマークを付ける。

2

鉛筆でなぞった円の真ん中を横に数ミリだけ、カッターで切り込みを入れる。

3

切り込みにスティックファスナーを差し込む。
（ノート外側から内側に向けて）

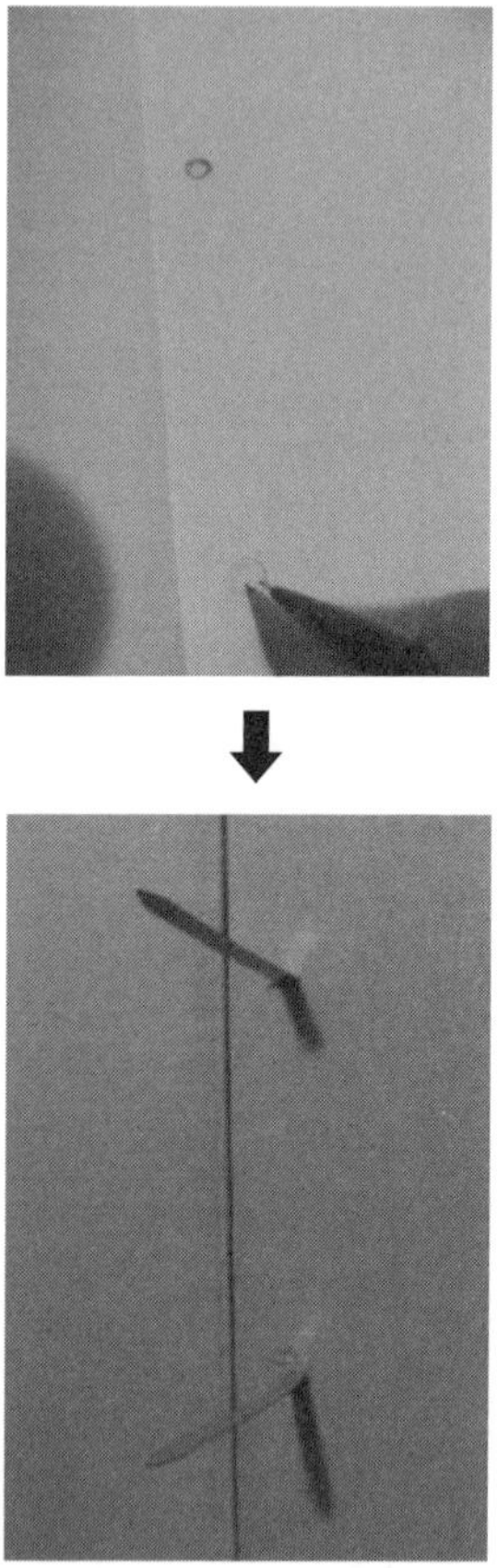

鉛筆でなぞってマークし、カッターで切り込みを入れ、挿し込む

次に市販されているクリアポケット（クリヤーブック替紙）を用意して、下図のようにスティックファスナーに綴じ込みます（フォルダー機能）。

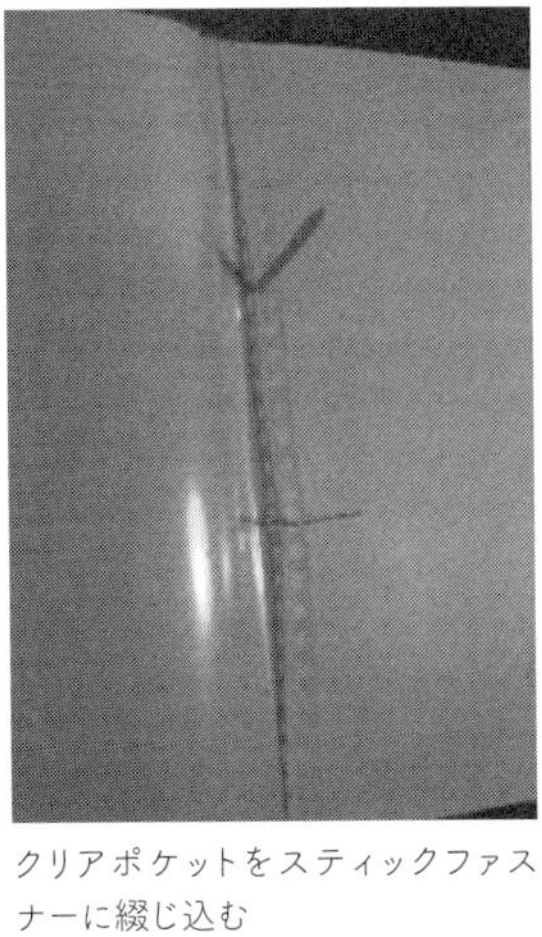
クリアポケットをスティックファスナーに綴じ込む

最後に、市販されているノートカバーをかぶせて完成です。

例えば、私が使っているノートカバーはビニール製で安価なものですが、内側にポケットも付いています。

お目当ての情報を一発で手繰り寄せる「イメージ検索機能」

メモした紙が見つからなかったり、メモした場所が分からなくなる原因には、大きく分けて2つのケースがありました。

1つ目は、手帳やノートや書類入れが複数存在しているため、どこを探せば良いのか分からなくなるケース。

2つ目は、情報量が多すぎて、お目当ての情報がその山の中に埋もれてしまっているケースでした。

「ワンポケット」を守ることで1つ目の問題を解決することができました。「情報のありか」が特定されるので、探す時間を大幅に短縮できるからです。「ノートのどこかに書いてある」ということがあらかじめ分かっているだけでも凄いことです。

1秒でも速く「必要な情報」を見つける。それだけで、仕事の効率は格段に上がります。

2つ目の「お目当ての情報が山の中に埋もれてしまっているケース」では、山を崩して平らにして、すべての情報を見渡せるようにしなければなりません。すべての情報を見渡せるようにすることを「一覧性」と呼びます。

「一覧性」をお店に例えると、郊外の巨大ショッピングモールやアウトレットモール、ホームセンターです。

こうしたモールやホームセンターの大半はフロア数が少ないのが特徴ですが、その最大のメリットは「売場全体を一望できる」こと。

売場全体を一望できるからこそ、お目当ての商品を簡単に探せるようになる。

もしこれが、都心の高層ビルのようにフロアが何十層もあるような売場であっては、絶対に一望することはできません。

これと同じように、情報についても1つのページが広くて、多くの情報を一覧できる方が圧倒的にお目当ての情報を見つけやすくなります。

この点、A4サイズのノートでは、見開きでA3サイズの大きさになりますので、かなり多くの情報を見渡すことができます。

ポケット手帳と比べるとよく分かります。

しかも、小さな手帳では、何ページもパラパラとめくらなければならないのですが、Ａ４ノートではめくる動作が少ないので、数分の一のアクションで見つけられる。論より証拠、実際に体験してみてください。

パラパラめくらずともひと目で探せるというのは、もの凄いアドバンテージです。新聞を広げて、「記事の見出し」を手繰って、関心ある記事をあっという間に見つける感覚。そんな感覚で、探したい情報を見つけることができる。

探している情報が「イメージ」や「イラスト」だったとしても、パソコンと違って無理なく検索できます。

正確な言葉を思い出せない時でも、ファジーに探せます。まさに、ドラえもんのポケットのようにたくさんの情報を放り込めて、イメージ検索機能を使って、**必要な情報をポケットから引っ張り出すことが出来る**のです。

新聞のように紙面が大きいと「見える化」できる

54cm×82cm。毎日見ている新聞紙面の広さです。この大きさのおかげで、あなたはストレスなく紙面を一覧して、気になる記事を瞬時に探し出すことが出来ます。

職場や学校では、Ａ４サイズが世界標準です。扱いやすくて一覧性が犠牲にならないサイズだからです。ノートの場合もこれと同じで、扱いやすくて一覧性が犠牲にならない大きさがＡ４判。Ａ４ノートの見開きは30cm×42cmで１２６０平方cmありますから、一覧できる情報量は１５０平方cm足らずのポケット手帳の比ではありません。

Ａ４ノートは自由度が高いので「決まり」はありませんが、ご参考までに私の使い方をご紹介しましょう。

情報をひと目で見渡せる

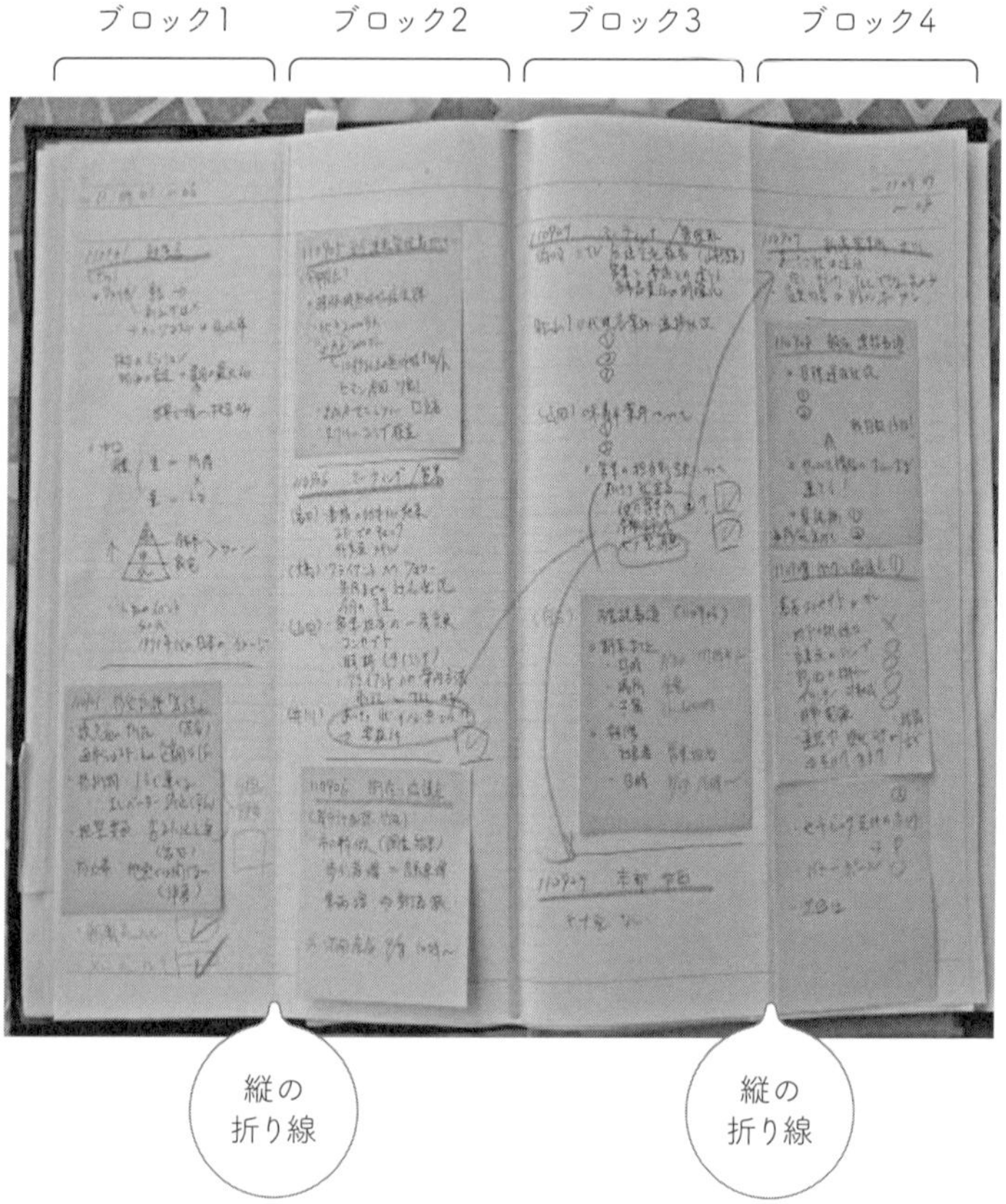
ブロック1
ブロック2
ブロック3
ブロック4
縦の折り線
縦の折り線

メモ済みのふせんを時系列で貼る際にはＡ３判を４分割（Ａ４判を２分割）して使っています。

Ａ４判の横幅は21㎝もあるので、そのままでは「間延び」して見にくいからです。

具体的には、ページを折って、縦の仕切線（垂直線の折り目）を入れて使っています。

５枚程度を「まとめ折り」すれば、ペンと定規で線を引くまでもありません。

こうすると、１列の横幅が10㎝に整います。Ａ６判ノートの１ページと同じ幅ですから、メモ目的としても手頃なサイズです。あなたのノートが方眼や無地であれば、Ａ４紙面を横向きにして使うこともできます。

第 5 章

「ゆる〜く」使うことで脳力が花開く

ノートとふせんの「ゆるさ」が問題解決のキモになる

ノートでは、一度書いたことを後から並べ替えることができません。

パソコンであれば、切り貼りしたりコピペして簡単に並べ替えができますが、アナログのノートでは真似できません。

ところが「ふせん」にメモしてノートに貼れば、いつでも自由自在に並べ替えができるようになる。

しかも、「ふせん」は1枚1枚が独立していて書き損じがあれば捨てられるので、メモする際のハードルが低くなるという特性がありました。

ふせんノートでは、そんな「ゆるさ」のおかげで、アナログノートや手帳では考えられないような使い方ができるようになりました。

主役はノートではなく「ふせん」

ふせんノートで使うノートの役割は、あくまでも「台紙」です。主役である情報が載ったふせんを自由自在に並べ替えられるようにする、というのがノートの役割です。

例えるなら、ノートは巨大ショッピングセンターやホームセンターの広いフロアと同じです。フロアに陳列される商品が主役であるのと同じように、ノートというフロアに陳列される「情報が載ったふせん」が主役を演じるのです。

従って、ノートについては、ふせんに載った情報を目一杯活かせるように使ってこそ、初めて本領が発揮されます。

そこで、主役である「ふせん」が、その持てる才能を目一杯発揮できるような極意をご紹介しましょう。

ふせんを自由自在に貼り替えて アイデアをストレッチする

ノート上のメモ済みふせんは時系列に整然と並んでいます。しかし、ノートに直接メモを書き込む場合と違って、ふせんは好きなように並べ替えることも思いのまま。

ふせんが持つそんな「ゆるさ」と、見開きＡ３というノートの「広さ」を活かして、一般的なノートや手帳では逆立ちしてもできない技を持つ三兄弟が生まれました。「ふせんマップ」三兄弟です。

よくある悩みに「良いアイデアが思うように浮かばない」という悩みがあります。しかし、どんなに悩んでもこの手の悩みを解決することはできません。

なぜなら、アイデアとは「思い浮かぶもの」ではないから。

そうではなく、「複数のパーツを組み合わせて組み立てるもの」だからです。

すなわちアイデアは、ひらめきをヒントにして過去の知識や経験を組み合わせて初めて完成します。

ジグソーパズルに例えると、ひらめきや経験というたくさんのピースが組み合わさって、初めてアイデアという名のパズルが完成するのです。

そこで威力を発揮するのが、「ふせんマップ」三兄弟です。

「ふせんマップ」三兄弟は、アイデアを熟成させる孵化器の役割を果たします。ノートの後ろ側の見開きA3判のページを3面ほど流用して作業します。

1面をふせん版マンダラチャートである「マンダラふせんマップ」に、もう1面をふせん版KJ法である「KJふせんマップ」に、最後の1面をふせん版ストーリーマップである「ストーリーふせんマップ」用にあてがってください。

鋭い方はネーミングから何となくイメージできていると思いますが、世界的に有名なアイデア発想法とふせんノートの特徴を掛け算して出来上がったのがこの3つのメソッドです。

いずれもよく考えられたメソッドなのですが、貼り替え自在というふせんの特徴をここにトッピングするだけで、効果がさらに倍増します。

この3つのアイデア発想法は、それぞれが独立した単体のメソッドなのですが、「ふせん」で串し刺しすることにより、3つのメソッドをつなげて活用できるようになる、という点がミソです。詳細については巻末特典としてプレゼントしますので、本書の最終ページをご覧ください。

ふせんとノートであらゆる問題を解決する仕掛け

ふせんメモは、A4ノートに貼るだけではなく、ふせんに書いた内容を元に直接メールやレポートを書くことも度々あります。

そんな時は、ふせんをパソコンのモニター画面のふちに貼り付けましょう。ふせんのメモを見ながらキーボードを叩くと楽チンです。

使い終わったふせんは、A4ノートに戻すも良し、ゴミ箱行きも良し。内容に応じてご判断ください。

ところで、会議の際に配布される手許資料に直接メモを書き込むべきか、それともノートや手帳に書き込むべきか、迷ったことはありませんか？

資料に書き込む方が、間違いなく分かりやすいのですが、資料の内容が機密情報である場合には会議後に回収されたり裁断されたりするので、せっかくの書き込みも無駄になります。

かといって、手帳やノートに書くのは分かりにくいし、資料の内容を前提としたメモはそもそも書きにくい。


そこで、こんな時はふせんを資料に貼り付けて、いったんふせんにメモを書き込んでください。

そうすれば、資料を回収される場合でも、ふせんをＡ４ノートに貼り替えれば会議シーンを部分的にでも思い出すことが出来るようになります。

自動追尾ミサイルのような伝言メモ

同僚に伝言を伝える場合には、紙切れにメモ書きして相手のデスクに置いておくのが一般的です。その典型が電話連絡メモです。

この伝言メモを書く時もふせんに統一しましょう。

なぜかというと、あなたはすでに、メモする「紙」をふせんだけに絞っているからです。わざわざ伝言メモ用の「紙切れ」を準備する必要はありません。

「紙切れ」を伝言相手の机に置くだけでは、ちょっとした風でも吹き飛んでしまい、紛失するリスクも生じてしまいます。でも、ふせんであればそう簡単には吹き飛びません。

伝言相手の机上のパソコンにペタっと貼って置いてあげれば、目立ちますし、素早く確実に伝えられる。

まるで、自動追尾ミサイルのように的確に目標（伝言相手）に対して情報を届けることができます。

貰った人は、そのまま自分の手帳やノートに貼り付けられます。

ふせんノートで試験勉強もはかどる！

テキストや参考書、問題集などに直接メモを書く代わりに、透明なふせんを貼ってメモ書きをする勉強法があります。

後で訂正や変更がしやすくなるので、直接書き込む場合と違って心理的な抵抗が少ない、というメリットがあります。

これと同じように、勉強用のノートにも直接書かずにふせんに書いて貼る方法があります。

後で並べ替えたり、ポイントとなるメモや覚えられないメモだけをピックアップできるからです。

試験の直前に、覚えられない箇所や重要な部分だけをはがして1ヶ所に集めて集中的に覚える、という裏技も使えるようになります。苦手な暗記モノをトイレの壁に貼りながら覚えることもできるようになります。

また、本を読む場合にも、気になった箇所にふせんを貼って感想や気付きをメモしたりすれば、読書の記録を手軽に残せます。

特に借りた本のように直接書き込めない場合でも、ふせんなら後ではがして自分のノートに貼り替えられるので便利です。

「ＴＯＤＯ」タスクは目につく場所に貼れ！

タスク管理もふせんの十八番です。やらなきゃならないタスクを思いついたら、ところ構わず、なりふり構わず、とにかく迷わずに、ふせんに走り書きしましょう。

その際、チェックマークを付けるための四角い枠（□マーク）を書いておくと便利です。「ＴＯＤＯ」を処理し終えたら、□にチェックマークを入れるか、ゴミ箱行きです。

市販の手帳には、「ＴＯＤＯ」シートが用意されているものがありますが、私はいつも不思議に感じます。

タスクが発生したら、その都度ページをめくって「ＴＯＤＯ」シートを探して記入しなければならないからです。

また、タスクの状態を確認するために、毎日「ＴＯＤＯ」シートを見にいかなければならないということになります。

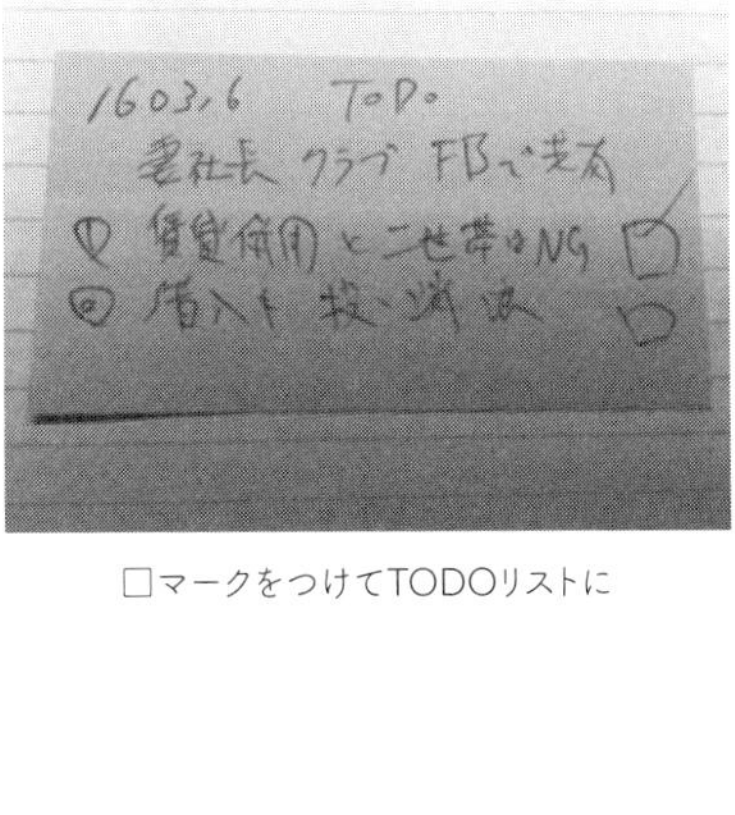

□マークをつけてTODOリストに

言うまでもなく、手帳にとっては「あなた」が唯一のユーザーです。

大切なお客様であるあなたに対して、「ＴＯＤＯ」シートまで毎回足を運んでチェックしなさいと命じているわけですから、無礼千万トンデモナイ話です。

「ＴＯＤＯ」シートの方から、あなたの前に出向いて来るべきです。

そもそも、「ＴＯＤＯ」という「タスク」は、あなたの仕事といつも密接につながっています。そうであれば、ノートの最新書き込みページに載っていた方が便利です。

そこで、ふせんにタスクをメモして現在使用中のメモ紙面に載せましょう。

そうすれば、あなたが**出向かなくても自然と目に飛び込んできます**。

チェックマークボックスにチェックが入っていない未完了のタスクは、ノート紙面の更新に合わせて、ふせんごと次の新しいページに移動するだけ。

ふせんに載った「TODO」タスクは並べ替えも自由自在なので優先順位に応じて並べ替えられます。内容に応じてカレンダーにも反映させます。

「TODO」を書いたふせんの活用法としてもう1つおすすめなのが、「**そのタスクを行う場所に貼る**」方法。

「TODO」の内容が「お取引先に電話する」ということであれば、会社の電話機に貼っておく。

「ネットで何か調べる」という内容であれば、パソコンの画面に貼っておく。

こうして、どこでも貼れるというふせんの特性を活かすことで、やるべきことを忘れるリスクを最小限に抑えることができるのです。

プロジェクトは小さなタスクの集合体

一番厄介なのはプロジェクトです。なぜなら、プロジェクトは一見「TODO」タスクのように見えるにもかかわらず、ただのタスクではないからです。

例えば私は、妻社長メソッドのセミナーを主宰しているのですが、「実践的なセミナーを開く」というタスクをふせんに書いたとしても、セミナーは開催できません。

なぜなら、「セミナーを開く」ことはタスクではなくプロジェクトだからです。

セミナーを開くためには、共催者やコンサルタントと打ち合わせを繰り返しながら目的やコンセプトや内容や運営スタイルを練りあげて、日程や会場や講師を選定して調整し、同時にマーケティングも行いながら、告知活動を通じて受講生を募集していく、という膨大な数の「TODO」タスクを段取り良くこなさなければなりません。

つまりプロジェクトとは、無数の小さなタスクの集合体なのです。

受講生さんの目からはセミナー会場での出来事しか見えませんが、その数十倍の時間と手間暇をかけて、ブロックを積み上げるように下準備や事前準備を進めていかなければ成り立たないのです。


そこで、プロジェクトに取り掛かる際には、まずはプロジェクトを構成するパーツを小さく分解することから始めましょう。その際に、ふせんが力を発揮します。プロジェクト名を書いたふせんの周りに白紙のふせんを並べて貼り、そのプロジェクトを構成する「ＴＯＤＯ」を書いていき、その「ＴＯＤＯ」の周りにもさらに「ＴＯＤＯ」を書いていく。具体的にすぐ取り掛かれる小さなパーツまで分解するのです。そこまで細分化して初めて、「ＴＯＤＯ」タスクと言えるようになるのです。

手動アップロードと自動ダウンロードでスケジュールをシンクロする

手帳といえばスケジュール管理……だったのは、今は昔。手帳の機能の中で、クラウドの恩恵を一番受けているのがスケジュール管理です。従って、手帳を使ったスケジュール管理の重要性も、今では後順位になってしまいました。

もちろん、大切な役目である点は、疑いのない事実です。

スケジュール管理は、札付きの厄介者です。スケジュール表を複数作ってしまうと、常にそれらをシンクロしなければなりません。

そうしないとダブルブッキングのリスクが生じます。

この問題を解決できる唯一の方法がクラウドです。

社内にいようが、社外にいようが、どこからでもスケジュール表にアクセスして参照、入力できる仕組みです。

googleカレンダーやYahoo!カレンダーが代表的ですが、マンスリーとウィークリーとデイリーをワンクリックで切り替えられるので、簡単にスケジュール管理や進捗管理ができます。

タブレットやスマホからもアクセスできます。

他のメンバーとカレンダーを共有することで、随時お互いの予定を参照しながら相手のカレンダーに予定を入力することもできます。

リマインダーもあります。

私は、スケジュールについては、紙ベースの手帳を使わずに、こうしたツールを活用しても良いと思います。

もちろん、どんなにＩＴ技術が進んでも、スピーディーにメモすることにおいては、スマホは紙には敵いません。

とっさに「サクッ」と即メモするだけなら、やはり紙が一番です。

最終的には、あなた自身の立場がダブルブッキングのリスクを回避することが大切な立場なのか、それともとっさのスケジュール確認が重視される立場なのか、それ次第で決まってきます。

前者ならクラウドですし、後者なら、この後お話しするプリントしたスケジュールがベターでしょう。

ところで、勤務先によってはグループウェアを導入しているケースも多いと思います。組織ぐるみで情報を共有できるのは便利です。

会議の招集通知をもらい、一発でカレンダーに予定を登録することもできます。上司や同僚の予定をカレンダーで随時参照できますし、必要な予定を入力することもできます。

他方で、グループウェアのスケジュールは、外出先からは参照できない設定が主流です。セキュリティ面での課題をクリアできないからです。

そのため、わざわざグループウェアのスケジュールを手持ちの手帳のカレンダーに書き写したり、手帳上の予定をグループウェアのスケジュールに打ち込んだりして、手作業で「シンクロ」している人もいらっしゃいます。

しかし、「アップロード」も「ダウンロード」もすべて手作業というのは、さすがにやってられません。

そこで、スケジュール表1ヶ月分（または1週間分）をＡ４用紙1枚に定期的にプリントアウトしてはいかがでしょうか。

これにより、紙の手帳に手書きで転記する手間を省くことができて、効率化を図ることができるからです。

アップロードはキーボードを使った手作業ですが、ダウンロードは自動化（プリント）されます。

プリントアウトされたスケジュール表については、折り畳んでふせんと一緒に携帯します。外出先で発生した差分スケジュールについては、プリントしたスケジュールにメモっておき、帰社後にパソコンに入力します。

書類はしまわない！
Ａ４ノートに挟みなさい！

仕事で使う資料の大半はＡ４判かＡ３判ですが、バラバラの紙なので失くなるリスクが常について回ります。

にもかかわらず、クリアファイルに入れて無秩序に保管している人が大勢いる……。残念なことです。

他人事のように言い放ちましたが、かつての私もそうでした。

こうしたバラバラの資料がたどる運命をご存じですか？

いつの間にかどこかに埋もれてしまって、存在自体を忘れられてしまう。

それでも、問題が起こらなければ所詮それまでの内容だったということで笑ってごまかせます。

やっかいなのは、本当に使う資料。必要な書類、大切な資料なのになかなか見つからない。時と場合によっては冷や汗ものです。

そうならないように、あなたのお仕事に直接関係する目先の仕事はとりあえずA4ノートに挟みましょう。

会議の書類からメールのプリントに至るまで、すべてワンポケット化する。

すぐに使う紙だと思った時点で、「使用中のページか前後のページ」にそのまま挟んでください。

折り畳んではいけません。中身が見えない資料は見つけられません。

単純に挟むだけですが、仕事の効率は上がります。

なぜなら、挟み込んだ資料のほとんどが、挟み込んだページ上のメモに関連した資料など、あなたの業務に密接な資料だからです。

プリント資料も情報が詰まった大きなふせんのようなものなのです。

ちなみに私は、メールをパソコン画面で読むと必ず何かを見落とします。

ところが、プリントして読むとなぜか見落としがなくなる。

抽象的な言葉が並んだメールとか、添付ファイルだらけの不親切なメールであれば、なおさら一見しただけでは分かりません。

仕方ないので、Ａ４用紙にプリントアウトしてから読むことにしています。


そうすると、見落としがなくなるのはもちろんのこと、マーカーで線を引くことができるようになります。しかも、気が付いたことを書き込めたりもする。

おまけに、チョットしたミーティングの場での簡易資料としても転用できます。Ａ４ノートに挟んでおいて仕掛かり案件として管理することも出来るようになりました。災い転じて福となすとは、このことですね。

メールをＡ４用紙にプリントすると色々重宝するという新しい法則を発見してしまったのです。

大切かどうかはノートが自動的に振り分ける

「そうはいっても、すべての書類を挟んでいたら、あっという間にノートがブタになるのでは？」

ご安心ください。

今使っているページの前後に挟まっている書類は仕掛かり案件です。あなたの仕事に直接関わるタイムリーな情報ですから、存分に活用してください。

挟まっているページが、何ページか前であれば、その書類は中長期案件か、または終了案件か、どうでも良い資料のいずれかです。

中長期案件であれば、前述のクリアポケット（Ｐ１８０）に入れるか、スティックファスナーに綴じましょう。

終了案件なら、会社の保管用ファイルに綴じるか裁断するかのいずれか。

いずれにしても前のページに書類が挟まっていると、通常は気になりますので、溜まることはありません。

このように、「その書類」があなたにとってどういう位置付けなのかを、Ａ４

置き去りフィルタリング

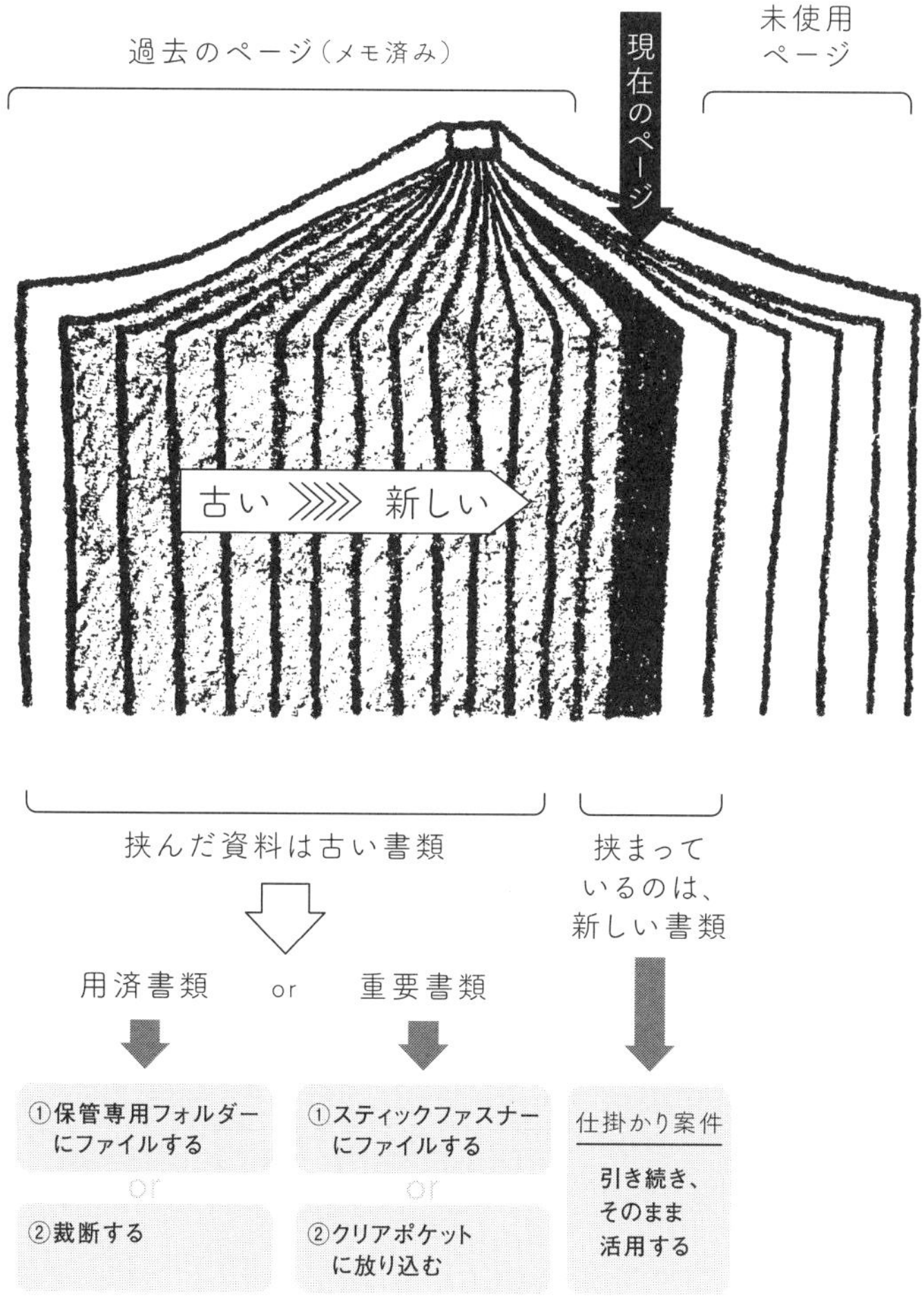

ノートが教えてくれます。

ノートを使い進むにつれて、挟まれた書類が前のページに置き去りにされるからです。

折り畳まない！ 縮小コピーも卒業！ ひたすら貼るだけ！

書類は挟むだけでなくノート紙面に貼ることもできます。

テープのりを使えば3アクションで完了します。

書き写すよりも貼る方が時間がかからないのであれば、貼り付けましょう。

メモ済みふせんを貼るのと同じ感覚で、大切な紙であれば貼った方がワンポケットになります。


そのまま貼ると書類がはみ出しますが、ノートカバーを被せると目立ちません。気になる方はＡ４書類の端を１cm程度折り曲げて貼り付けてください。

両面印刷された資料を貼り付ける場合は、折り曲げた１cmの部分をノートにのり付けする。

最近はＡ４判よりも一回り大きい幅広ノートが出回っていますので、折り曲げる作業さえ要らなくなりました。


ちなみにＢ５サイズ以下のノートや手帳にＡ４書類を貼る場合、縮小コピーをとるか、折り畳んで整える必要があるので、効率が下がります。

例えば、縮小コピーをとる場合、コピー機まで移動して、用紙のサイズを決めて、縮小倍率を計算して、コピーをとって、余分な紙をカットしてから貼り付け作業に入りますので、最低でも６アクション必要です。文字も小さく見づらくなります。

折り畳む場合には工夫次第では４アクションで完了しますが、その代わり一覧性が犠牲になります。

資料を探す時にはページをめくって１枚１枚開いて、また折り畳むという気の遠くなる作業が待ち受けています。これでは単なる作業の先送りです。

A4ノートなら書類も折らずに保管できる

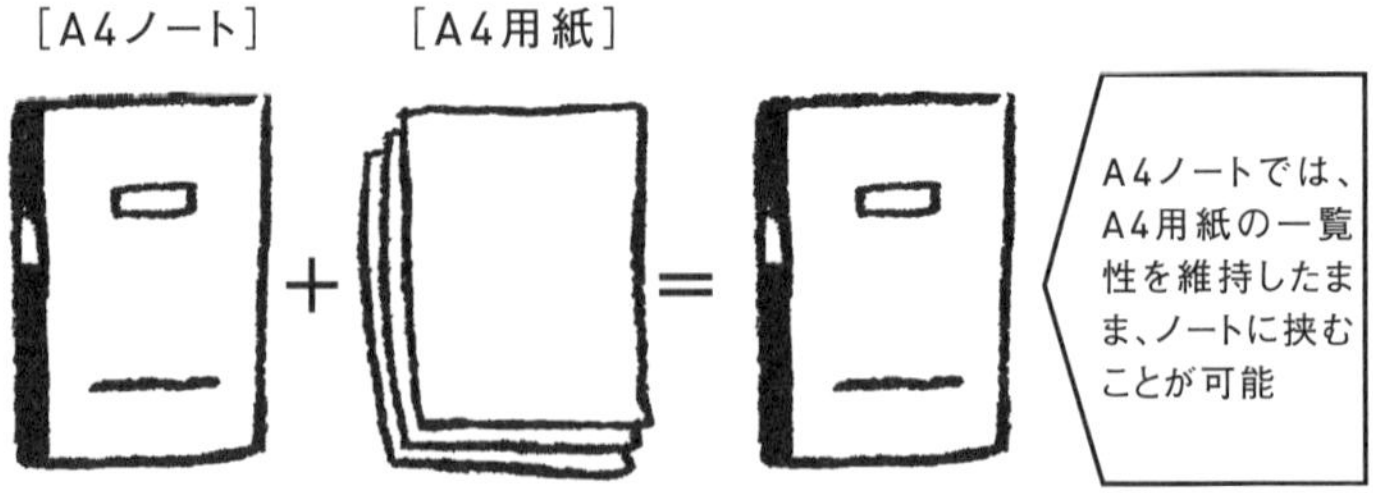

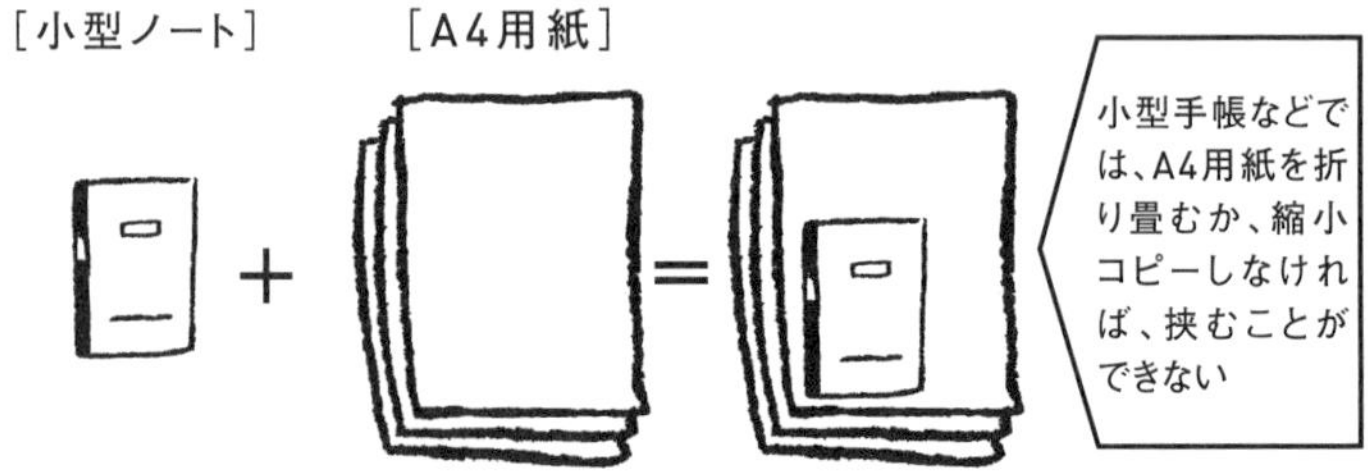

寝ている時の夢をメモする LED「夢pad」

ふせんはどこにでも貼れるので、まとめ貼りして「どこでもジョッタ」にすると重宝するというお話を第3章でご紹介しました。

これに関連して、特におすすめの便利ツールを2つご紹介しましょう。

1つは「お風呂ジョッタ」、そしてもう1つはLED「夢pad」です。

お風呂場も三上と同じようにメモがとりにくい環境ですが、ここにも「ふせん」を常備します。

おすすめは水に濡れても大丈夫なフィルムふせん。そのフィルムふせんと相性が良いのは昔ながらの鉛筆です。

お風呂ジョッタ

レストランなどにお会計用の伝票を挟むための小さな板がありますが、そこに鉛筆を挟んでフィルムふせんをまとめ貼りします。

これをお風呂の片隅に置いておけば「お風呂ジョッタ」が完成します。


そして、お風呂以上にやっかいなのは枕上です。

ベッドに入った後は、ただでさえ眠くて眠くて仕方がありません。

その上、暗闇の中では文字を書けませんので「覚えておいて、朝起きてからメモしよう」という誘惑には絶対に勝てません。


そこで、LED「夢pad」の出番です。

「夢pad」はその名のとおり、夢で見た内容やウトウトしている時に頭に浮かんだひらめきをメモできる夢のようなメモ帳です。

この「夢pad」を枕元に常備しておけば完璧です。

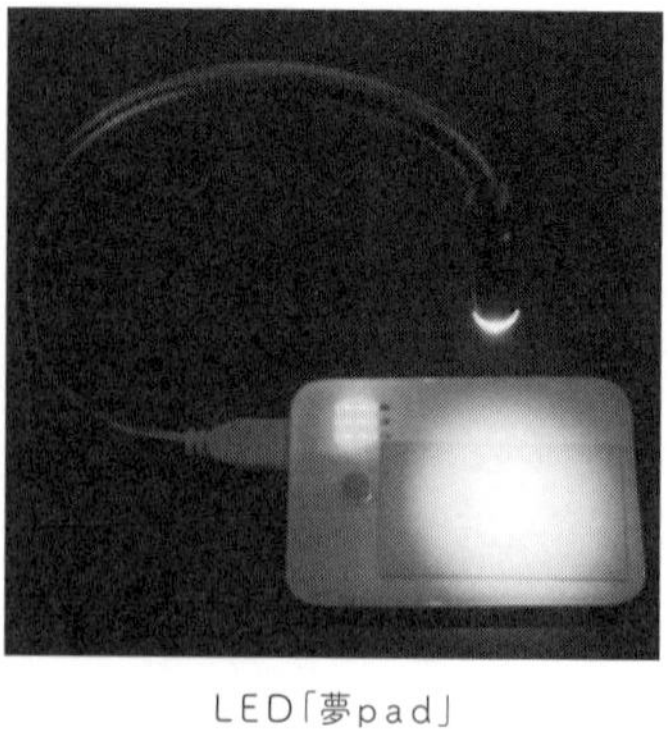
LED「夢pad」

「夢ｐａｄ」は市販品ではないのですが、１００円ショップで手に入るＵＳＢ電源のアーム型ＬＥＤライトとスマホ用のバッテリー電源とを組み合わせれば、誰でも簡単に作れます。

写真のようにアームライトをスマホ電源のＵＳＢ端子に挿し込んで、スマホ用のバッテリー電源の上にふせんをまとめ貼りするだけで完成します。

ふせんだけを照らすスポットライトですので、就寝中の家族にも迷惑がかかりません。トータルコストも２０００円以下とお手頃です。

人生を自由にする「究極のふせんノート」

最後に一番大切なことをお伝えしましょう。それは、「究極のふせんノート」の作り方です。

第４章で「万能のふせんノート」の作り方をお伝えしましたが、その透明カバーの表紙に夢実現シートを入れるだけで「究極のふせんノート」が完成します。

私が夢実現シート書いたことはほとんど実現しているのですが、セミナー受講生の皆さんの身にも「シートに書いた夢が叶う」現象が続々と起きています。

夢実現シートは、ミッションと夢実現ストーリーと未来年表の三部構成になっているのですが、それぞれに秘密とカラクリが隠されているからです。

起点となるのはミッション、つまり使命です。お金と時間と自信のすべてを手に入れたら、あなたは何をしたいですか？ すべてが揃った時にやりたいことを想像してみてください。その時にあなたが喜々として取り組んでいること、それがミッションです。

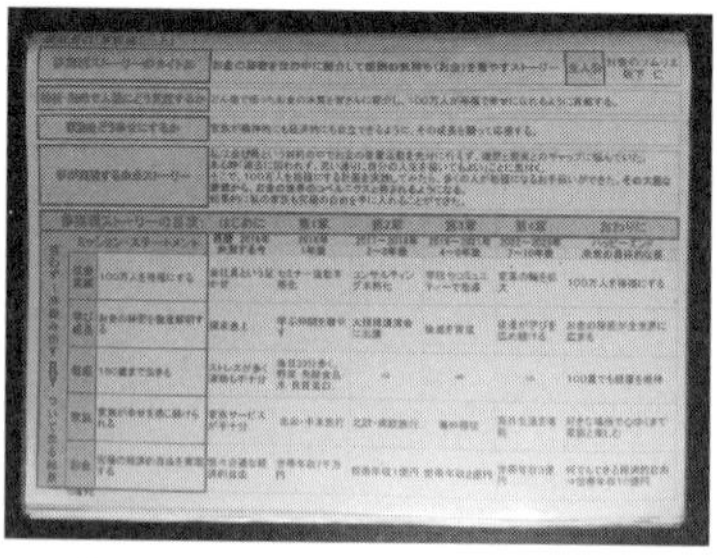
夢実現シートを挟んだふせんノート

つまり、ミッションはあなたの大切な価値観であり、生きている理由です。だから、ミッションに沿って生きる限り幸せを感じ続けられて、社会にも貢献でき、家族仲良く裕福にもなれます。

ミッションが何であるかを発見するのは難しいのですが、「ふせんマップ」三兄弟やマインドマップを活用すると何とか見つけられます。

見つけたミッションを元に、今度はストーリーを組み立てる。5W1HにEmotionとFeelが加わった5WEFHになって初めてストーリーと呼ぶことができます。

ストーリー化することでリアリティーと感動と共感が生まれ、意識（頭）と無意識（心）がつながるので、行動するための強い動機が生まれます。

そのストーリーを分解して、未来年表に落とし込んでいく。さらにそれをプロジェクトやTODOタスク、スケジュールという形で細分化してブレイクダウンしていきます。

「夢実現シート」を作ることで、家族の理解も得られやすくなります。なぜなら、「夢実現シート」は家族の心（無意識）にも効くから。

たとえ家族であっても、理詰めで説得して頭（意識）で分かってもらっただけでは効果がありません。頭で納得しても、心（無意識）が納得しない限り共感したり実感したりはしないからです。家族が心で納得しない限り、協力は得られません。

例えば私は、「お金の自由」を得て2022年に「海外移住」するという漠然とした夢を10年前に書いたのですが、それが家族の夢と共鳴することでパワーアップし、6年前倒しで海外のリゾート地にコンドミニアムを持つことができました。

つまり**「夢実現シート」は、「無意識（暗黙知、心）が持つパワー」を増幅し、さらには家族全員のパワーを共鳴させる**ことで相乗効果を生み、その結果として夢が実現するというメソッドなのです。

夢実現シート自体にもあなたの人生を自由にする力が秘められているのですが、ふせんノートと一体化することで、さらにパワーアップされます。

なぜなら、ふせんをノートに貼る際に、いやでも表紙の夢実現シートが目に飛び込むからです。毎日のように夢を目にすれば、夢を忘れることは絶対にありません。無意識の隅々まで夢が刷り込まれていくので、自然とかなってしまうのです。

このキーワードを今すぐふせんに書きなさい

さて、ここまで読み進むと、ふせんに書いて貼るだけで「人生がはかどる」スパイラルを具体的にイメージできるようになります。

ふせんがあれば、無意識の世界から飛んできて一瞬で消え去る流れ星「ひらめき君」をスケッチできるようになります。

そのひらめきをノートに貼って組み合わせるだけでアイデアが形になります。

特に「ふせんマップ」三兄弟は効果的でした。

そこからプロジェクトを生み出し、あるいは夢実現シートを組み上げていくと、行動するための強い動機が生まれます。

そして、プロジェクトや未来年表をシンプルに分解していくことで、「TODO」

タスクが具体化し、スケジュールも出来上がる。

強い動機はすでに出来上がっているので、単純化されたタスクを行動に移すことは簡単です。

行動する過程で、新たな成功体験と失敗体験も積み上がり、夢が1つずつ実現していく。結果的に心がさらに深化して無意識への蓄積が膨らんでいき、それが新たな「ひらめき君」をはじき出す。たった1枚のふせんをきっかけに、プラスのスパイラルが永遠に続くのです。

こうして「お金がない」「時間がない」「自信がない」と言っていたあなたにも、「お金の自由」「時間の自由」「自信の自由」が訪れる。

たった1枚のふせんが、あなたの人生を自由にするのです。

だから、とにかく今すぐ始めましょう。始め方は簡単です。

「粘着面の広い大きなふせんとA4ノートを買う」と、「身近なふせんに書く」だけ。

これだけで「人生がはかどる」第一歩を踏み出したことになるのですから。

ふせんノートはこうしてあなたの人生を変える!

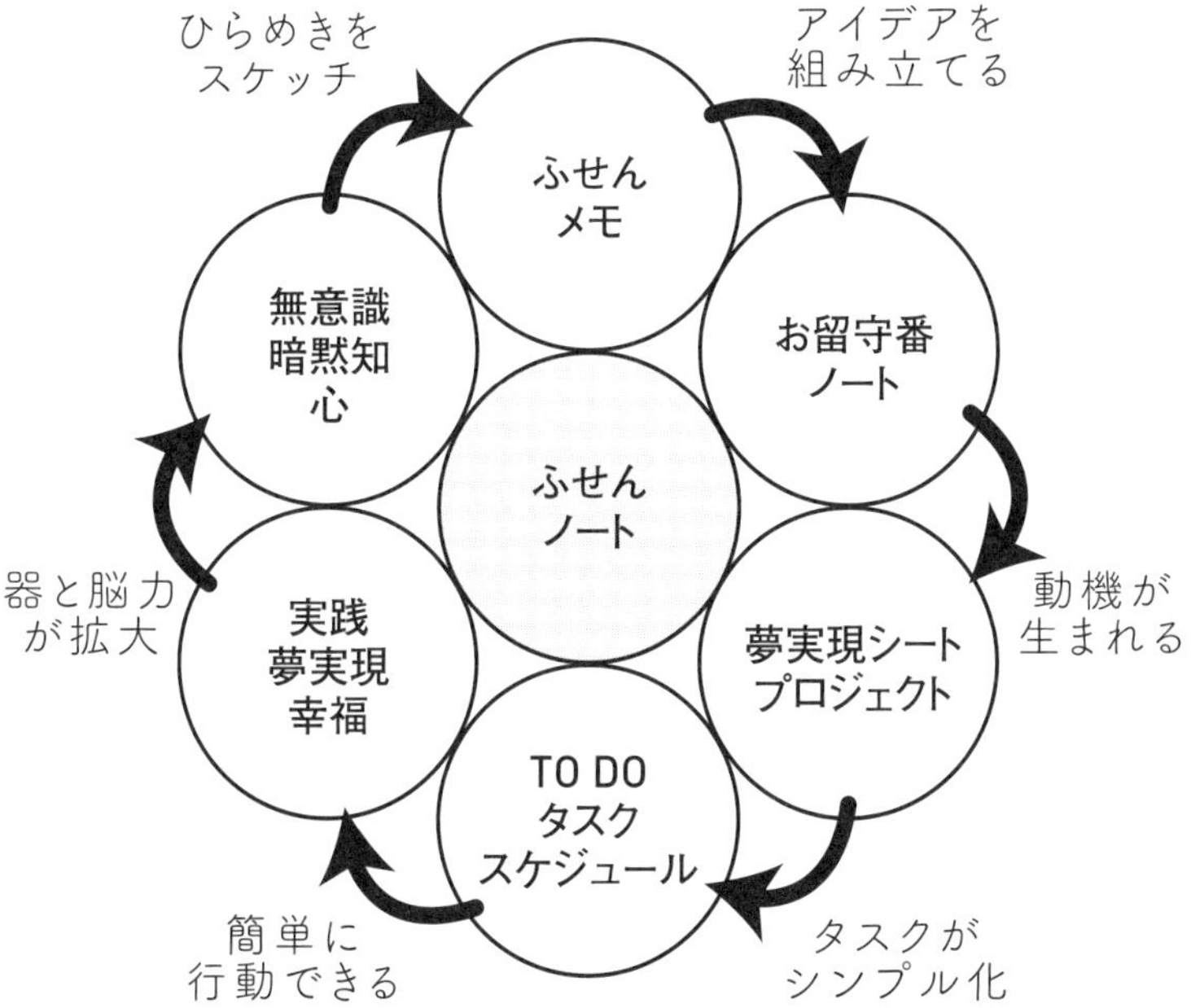

おわりに

最後まで読んでくださり、ありがとうございます。すでにお気付きかもしれませんが、この本で公開した「仕組み」は私にとっての〝企業秘密〟です。

破産寸前だった私が「お金に不自由しないレベル」にまでたどり着いた直接のきっかけは「お金の本質に気付いたこと」でした。

これがヒントになり、プライベートカンパニーを作って妻を社長に据える「妻社長メソッド」が生まれました。

そして、その原動力となったのが、本書でお伝えしたシンプルで効果的な「仕組み」です。

ふせんとノートとを、本来の使い方とは別の使い方に「置き換え」ただけで、**ひらめきやアイデアがポップコーンのように弾け出る**ようになりました。

その仕組みがあったからこそ、私達は猛スピードで階段をかけのぼることが出来たのです。

ふせん自体の生い立ちも「置き換え」でした。「簡単にはがれる接着剤」という想定外の産物を、「ふせん」という別のツールに「置き換え」たからこそ、革新的な商品としてビジネスシーンを一変させた。

このように、これまで存在したものであっても、本来の用途とは別の使い方をしたり別の場所に置くだけで、あなたとご家族の人生はガラリと変わります。それを人様のために活かせれば、多くの人が喜んでくださるので、「感謝の気持ちを見える化したお金」があなたの許に届けられます。

長い目で見れば、世の中や歴史を変えるほどの威力を秘めている。

ふせんノートは**シンプルなので、再現性が高い仕組み**です。だから誰でも簡単に、気付きやアイデアを生み出せるようになる。

ふせんノートの紙面で「ふせんマップ」三兄弟を競わせると、「**貼り替えてズラす技**」や「**置き換える技**」も使い放題ですから、アイデアを生み出したり膨らませたりすることは朝飯前です。

そして極めつけが**「夢実現シート」**。

「ふせんノート」は、「無意識や暗黙知が持つパワー」を、無駄なく効果的に使い倒すメソッドでした。

これに対して「夢実現シート」は、「無意識が持つパワー」を増幅し、さらには家族全員のパワーを共鳴させることで相乗効果を生み、その結果として夢が実現するというメソッドです。**その威力は実践した人にしか体験できません。**

妻社長セミナー受講生の大半がプライベートカンパニーやプライベートビジネスに強い関心を持って参加されます。

ところが、セミナーの数ヶ月後に皆さんの感想を伺うと、異口同音に夢実現シートの効能を絶賛される。

なぜなら、たった数ヶ月前に書いたことが不思議なくらい実現しているから。

その効果に夫婦揃って驚きながら報告してくださる様子を見るにつけ、夢実現シートが秘めるパワーを確信します。

学生の頃、私は岸田秀氏（心理学者、和光大学名誉教授）の『ものぐさ精神分析』（中公文庫）という本を読み、そこから大きな影響を受けました。

この本で貫かれている思想は『唯幻論』といって、「人間は本能の壊れた動物であり、人間の社会を成り立たせているのはすべて共同幻想である。共有された幻想こそが社会の構造を形作っている」というシニカルな考え方です。

これを突き詰めると、友情も愛情も社会もすべてが幻想だということになります。例えば友情は、友人同士がお互いに相手を親友だと思っているから成り立っているだけの陽炎《かげろう》のようなものでしかない、ということ。

この考え方を知った当初は、あまりにも衝撃的で「どうせこの世が幻想なら、刹那《せつな》的に生きる方が良いのではないか？」とまで思いました。

しかしその後、「お金とは感謝の気持ち」と気付いたことがきっかけとなり、「社会を形作っているのが幻想なら、良い幻想を考えてそのとおりに実行していけば、社会が良くなるのではないか？」とポジティブに考えられるようになりました。その結果、ミッションの重要性に気付き、さらには「ストーリー」を作ることで夢という名の「良い幻想」を本気で信じられ、家族や社会にも「夢」の輪を広げられる、と確信した。つまり、夢実現シートは唯幻論をポジティブに応用したメソッドでもあるのです。

メモのとり方やお金の教育に限りませんが、学ぶ時間と環境に恵まれている学生時代に実感すべき「真に大切なこと」が、たくさんあります。

もし私が、お金の本質や正しいメモ術・夢実現シートに学生時代に出会っていたら、20年もの人生を無駄にせずに済んだはずです。

だから今後は、教育機関などとも連携しながら、真に役に立つ考え方を、老若男女問わず広めていきたい。この本の執筆をきっかけに、私の中にそんな新たなミッションが芽生え始めました。

ふせんノート術の実態は「仕組み」だとお話ししました。

唯幻論や共同幻想論をポジティブに使い倒す仕組み。

今までの手帳やノートの弱点を埋め合わせて、強みを増幅する仕組み。

様々なアイデア発想法の弱点をカバーして強みを掛け算する仕組み。

無意識のパワーを無駄なく活用し、さらにパワーアップする仕組み。

ふせんノート1冊だけで、これらすべてを手に入れることができます。

これだけ揃ってしまえば、解決できない悩みや実現できない夢なんて、そう多くはない。そう思いませんか？

そして幸いにも、ふせんノートに秘められた威力に、あなたは気付くことができました。紙一重で損をしていた人生を貼り替えて、「お金の自由」「時間の自由」「自信の自由」が現実味を帯びる。後は実践するだけです。

通常なら、実践こそが一番の難関となるのですが、ふせんにひと言書くだけで今すぐ実践できる簡単な方法に気付いたわけですから、ためらうことは何1つありません。まずは手始めに、あなた自身の「不自由な人生」を「自由な人生」に貼り替えるところから始めてみてください。

坂下仁

「使えるノート・手帳10原則」

1

いつでもどこでもメモできること（携帯性）

2

ゼロアクションで即メモできること（迅速性）

3

すべての情報を無理なく集約できること（ワンポケット）

4

紙面が大きく一覧できること（一覧性）

5
用途や好みに合わせてカスタマイズできること（柔軟性）

6
業務で多用するA4書類との親和性があること（A4親和性）

7
細かいルールやノウハウに頼らなくても良いこと（簡便性）

8
誰でも簡単に使い続けられること（継続性）

9
スケジュール管理と折り合いをつけられること（スケジュール調和性）

10 コストがかからないこと（経済性）

メモの3つの役目から導かれる10原則

	最低限の役目	ノート・手帳10原則	
1	即メモ	第１条　携帯性 第２条　迅速性	ユーザーのための理念
2	一発検索	第３条　ワンポケット 第４条　一覧性	
3	有効活用	第５条　柔軟性 第６条　A4親和性	
	当然の前提	第７条　簡便性 第８条　継続性	
	その他	第９条　スケジュール調和性 第10条　経済性	

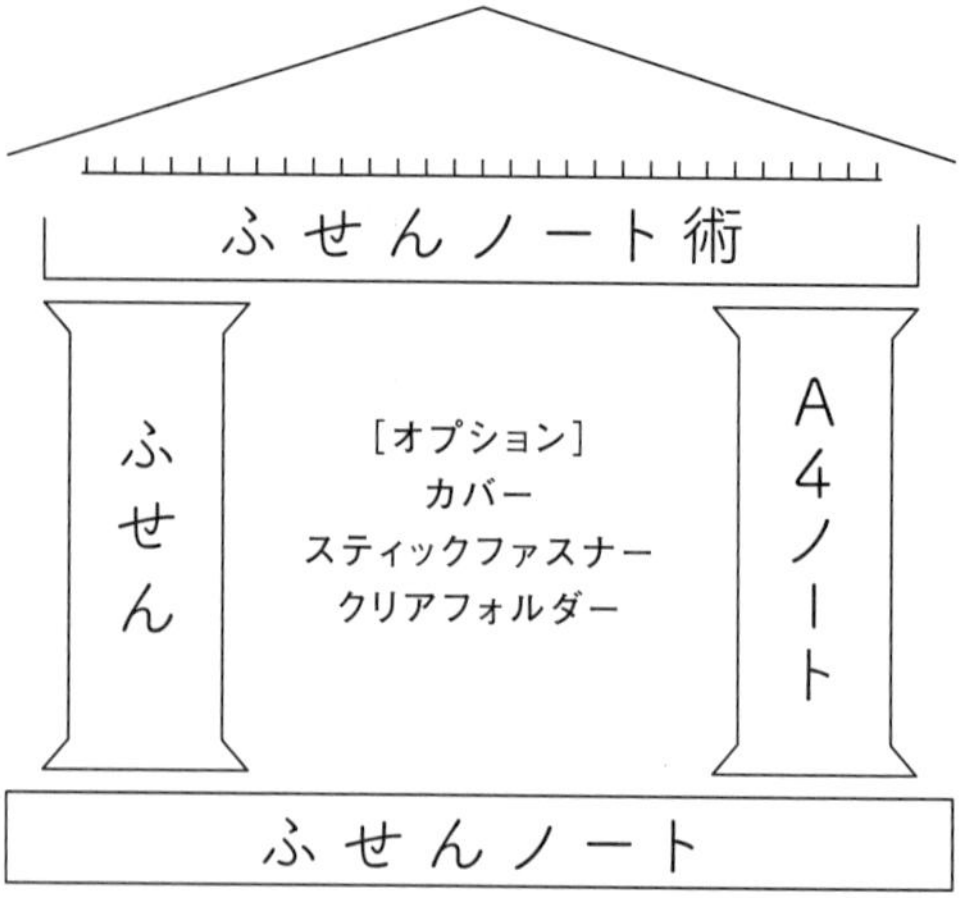

【著者プロフィール】

坂下仁　Jin Sakashita

お金のソムリエ、ビジネス書作家、講演家、元メガバンク行員、日本手帖の会会員。

二十数年にわたり、メガバンクの行員として数百に及ぶ企業や個人へのコンサルティング・財務指導・融資を手がけてきた。

しかし、自らの金融知識を過信したために株取引で莫大な借金を抱え、破産寸前にまで追い込まれる。

そのどん底で気づいた「お金の本質」がヒントとなり、プライベートカンパニーを作って妻を社長にする「妻社長メソッド」が誕生。

5年で借金を全額返済するとともに、数千万円のキャッシュフローと数億円の資産を手に入れた。

その最大の原動力となったのが、ふせんとノートを非常識に活用する「ふせんノート術」。

現在、北は北海道、南は九州、東はアメリカまで、プライベートカンパニーにて保有する資産はテナントビルやロードサイド型店舗・倉庫・一棟マンション・ホテルコンドミニアムなど多岐にわたり、社会に貢献しながら安定した収益を維持している。

また、「お金のソムリエ」として東証一部上場企業グループを始めとするさまざまな企業や団体での講演活動、ラジオや雑誌などのメディア出演を通じてお金の啓蒙活動に邁進。

主催する妻社長セミナーの卒業生は、続々とプライベートカンパニーを立ち上げてプライベートビジネスを開始し、夢実現シートのストーリー通りに夢を叶え始めている。

著書の『いますぐ妻を社長にしなさい』と実践編『とにかく妻を社長にしなさい』（サンマーク出版）は累計10万部のベストセラー。

＜坂下仁公式サイト＞ http://moneysommelier.com
＜プリントインフォームジャパン＞ http://www.printinform.co.jp

ブックデザイン／小口翔平＋岩永香穂＋喜來詩織（tobufune）
イラスト／かざまりさ
DTP・図版／山口良二

1冊の「ふせんノート」で人生は、はかどる

2016年5月20日　初版発行

著　者　坂下　仁
発行者　太田　宏
発行所　フォレスト出版株式会社
〒162-0824 東京都新宿区揚場町2-18　白宝ビル5F
電話　03-5229-5750（営業）
03-5229-5757（編集）
URL　http://www.forestpub.co.jp

印刷・製本　日経印刷株式会社

ISBN978-4-89451-712-7　Printed in Japan